WALKING GUIDE
ESTAMBUL

WALKING GUIDE

ESTAMBUL

ITINERARIOS A PIE

Tristan Rutherford y Kathryn Tomasetti

NATIONAL GEOGRAPHIC

WALKING GUIDE
ESTAMBUL

SUMARIO

PARTE 1
PÁGINA 12
VISITAS RÁPIDAS

PARTE 2
PÁGINA 46
LOS BARRIOS DE ESTAMBUL

PARTE 3
PÁGINA 174
CONSEJOS DE VIAJE

Páginas anteriores: la costa de Eminönü; a la izquierda: una calle cerca de la Torre de Gálata; arriba a la derecha: cerámica turca; en el centro: una calle de Çukurcuma; abajo: Obelisco de Teodosio.

Introducción

Vivo desde hace algunos años en Estambul y nunca he pensado en irme a vivir a ningún otro sitio. La vida en esta ciudad es adictiva. Todas las preocupaciones desaparecen en un instante, simplemente al regalarte un paseo por el Puente de Gálata en dirección al Cuerno de Oro, una vuelta entre las antiguas murallas o incluso una caminata por las sombreadas calles de las Islas de los Príncipes, frente al mar de Mármara. La mejor manera de conocer Estambul es moverse por ella a pie y dejarse sorprender, por ejemplo, topándose con un monumento de la época otomana perfectamente integrado en el horizonte moderno u observando los tulipanes que rodean la fuente del Sultán Ahmet III (Sultanahmet), en Topkapi.

La cúpula de la Mezquita de Solimán se eleva por encima de los estrechos callejones del barrio de los bazares.

Al caminar, se descubre una ciudad llena de detalles exuberantes que salpican sus calles: la increíble variedad de flores en sus esquinas, las tonalidades de azul de los dos mares que la bañan, o el reflejo dorado de las velas en los cafés del Bósforo. A medida que la explores, te tentará con delicias gastronómicas como el *simit*, un pan tradicional elaborado con semillas de sésamo, o una copa de vino de un productor turco aún por descubrir, cuya experiencia podrás saborear. ¿No es increíble que Estambul haya logrado preservar tan bien su autenticidad a través de los siglos?

Gül Irepoğlu
Historiador del arte, arquitecto y escritor

Visitar Estambul

Con edificios milenarios y barrios que conservan su encanto original, Estambul es una sucesión de rincones encantadores. La artesanía y las tradiciones ancestrales perviven en la intimidad de sus patios (*hans*), mientras que el arte se abre paso en las galerías de moda, los museos y los cafés.

Estambul en pocas palabras

Estambul se extiende entre Europa y Asia, dividida por el estrecho del Bósforo. La que un día fue conocida como Bizancio y más tarde como Constantinopla, fue la capital del Imperio Romano de Oriente y se convirtió en el centro del Imperio Bizantino y luego del Imperio Otomano. El término Estambul no fue aceptado hasta 1930. Las distintas dominaciones han dejado su huella en el casco viejo, en los edificios que sobresalen en las orillas opuestas del Bósforo y en el horizonte moderno, todavía plagado de torres y mezquitas. Los orígenes mercantiles de la ciudad se remontan a Mehmed II, séptimo sultán del Imperio Otomano, y perviven en muchos mercados actuales: los más famosos son el Gran Bazar y el Bazar de las Especias.

Estambul día a día

El 1 de enero y el primer día de las principales festividades religiosas (Ramazan Bayrami y Kurban Bayrami) muchos sitios están cerrados. Para más información, consulta sus páginas web.

Siempre abierto Miniatürk; Museo Arqueológico de Estambul; Museo de Arte Turco e Islámico; Museo de los Mosaicos del Gran Palacio; Museo de Historia de la Ciencia y la Tecnología en el Islam; Torre de Gálata; Panorama 1453.

Lunes Palacio Beylerbeyi; Palacio de Dolmabahçe; Museo Marítimo; Museo de la Inocencia; Museo Pera; Museo Rahmi M. Koç; SALT Galata; Teatro de los Derviches Giratorios; Fortaleza de Rumeli.

Martes Iglesia de Santa Irene; Palacio de Topkapı.

Viernes Santa Sofía; Iglesia de San Salvador de Cora; Mezquita Azul; Mezquita de Solimán; Mezquita Subterránea; Mezquita del Sultán Mihrimah; Mezquita de Şakirin; Mezquita Atik El resto de lugares de culto islámicos no pueden visitarse durante el día ni en las horas de oración.

Sábado / Domingo Todos los sitios están abiertos.

La mezquita neobarroca de Büyük Mecidiye, en Ortaköy, vista desde los barcos que navegan por el Bósforo.

Cómo orientarse

En todos los barrios de Estambul se puede llegar andando a los puntos de interés, con pocas excepciones. Especialmente en el casco viejo, en Gálata, en Karaköy y Beyoğlu, con muy poca distancia entre sí. Cabe destacar que Estambul tiene un sistema de transporte público muy eficiente que conecta los distintos barrios (ver págs. 176-177). Concretamente, la Istanbulkart (ver pág. 177) ofrece descuentos y se puede utilizar en todos los medios de transporte: autobuses, barcos, metro y tranvías, incluidos los antiguos.

La religión en Estambul

Turquía es un país musulmán de predominio suní. Las mezquitas son lugares de culto desde donde se retransmiten, cinco veces al día, las llamadas a la oración del muecín. Sin embargo, es un estado laico: la Constitución turca garantiza la libertad de religión, por lo que allí conviven diferentes creencias. Las mezquitas están abiertas a todos los visitantes. Para visitarlas debes quitarte los zapatos y dejarlos afuera. Las mujeres deberán cubrirse la cabeza (normalmente se proporciona un chal), los hombros y las rodillas.

Cómo utilizar la guía

Cada itinerario (confeccionado a pie o con algún tipo de transporte público) está indicado en un mapa y se ha diseñado teniendo en cuenta los horarios de apertura y las horas en las que los sitios están menos concurridos. Muchos itinerarios terminan cerca de restaurantes o en zonas con vida nocturna.

Visitas rápidas

Ideales para quien solo dispone de un día o un fin de semana y quiere ver lo mejor. Elige el itinerario según el clima y tus intereses: En un día; En un fin de semana; Divertirse en Estambul; Estambul histórica; Estambul para *gourmets*; Estambul con niños.

Sugerencias Los itinerarios de «Un día» y de «Un fin de semana» incluyen una sección de consejos con información específica sobre desvíos y lugares adicionales para visitar cafés y restaurantes cercanos, así como ideas para adaptar el itinerario a tus intereses.

Descripciones Para los itinerarios de «Divertirse en Estambul», «Estambul histórica», «Estambul para *gourmets*» y «Estambul con niños», las secciones dedicadas a los principales lugares siguen los mapas, con descripciones precisas e información práctica.

Visitas a los barrios

Los siete capítulos sobre los barrios se abren con una introducción, seguida de un mapa con el itinerario que incluye las etapas y descripciones detalladas de los distintos sitios. A cada itinerario le sigue una sección «En detalle» dedicada a un sitio importante de la ruta; una sección «Así es Estambul», que ofrece información básica sobre un elemento típico de ese barrio, y una sección titulada «Lo mejor», que agrupa los sitios por temas.

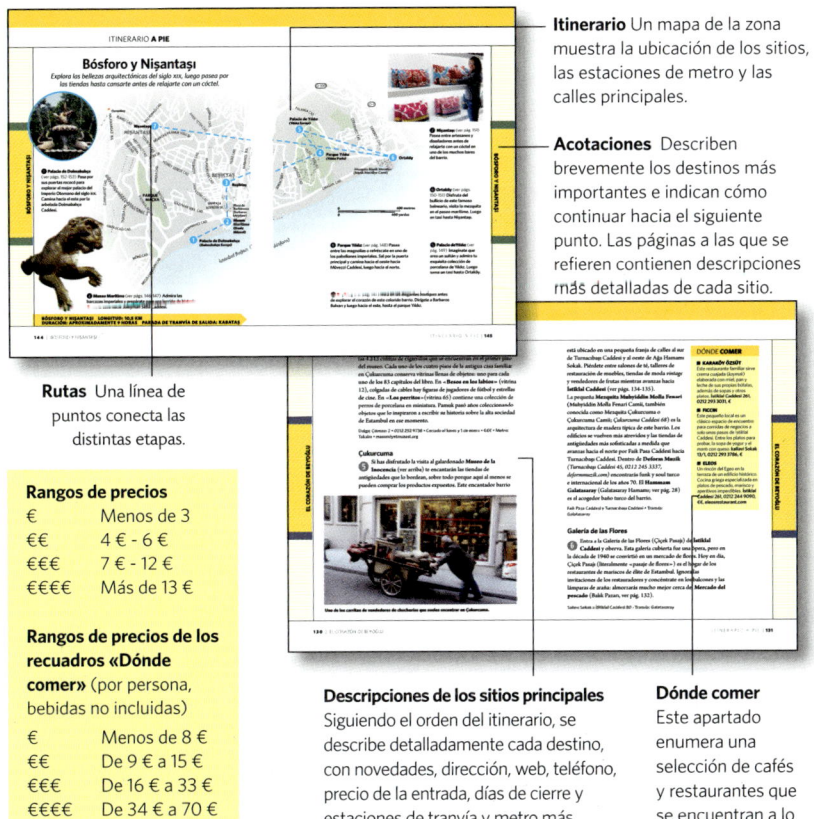

Itinerario Un mapa de la zona muestra la ubicación de los sitios, las estaciones de metro y las calles principales.

Acotaciones Describen brevemente los destinos más importantes e indican cómo continuar hacia el siguiente punto. Las páginas a las que se refieren contienen descripciones más detalladas de cada sitio.

Rutas Una línea de puntos conecta las distintas etapas.

Rangos de precios

€	Menos de 3
€€	4 € - 6 €
€€€	7 € - 12 €
€€€€	Más de 13 €

Rangos de precios de los recuadros «Dónde comer» (por persona, bebidas no incluidas)

€	Menos de 8 €
€€	De 9 € a 15 €
€€€	De 16 € a 33 €
€€€€	De 34 € a 70 €
€€€€€	Más de 70 €

Descripciones de los sitios principales
Siguiendo el orden del itinerario, se describe detalladamente cada destino, con novedades, dirección, web, teléfono, precio de la entrada, días de cierre y estaciones de tranvía y metro más cercanas.

Dónde comer
Este apartado enumera una selección de cafés y restaurantes que se encuentran a lo largo del itinerario.

PRIMERA PARTE

Visitas rápidas

Estambul en un día

Este breve recorrido por los principales monumentos del casco viejo acaba con unas vistas impresionantes del Cuerno de Oro.

❺ Gran Bazar (ver págs. 80-83)
Diviértete buscando gangas mientras te sumerges en la atmósfera de este mercado cubierto. Luego sal del mercado por Mahmutpaşa Kapısı y baja hacia la costa.

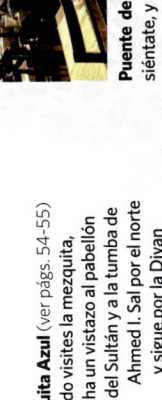

❹ Mezquita Azul (ver págs. 54-55)
Cuando visites la mezquita, echa un vistazo al pabellón del Sultán y a la tumba de Ahmed I. Sal por el norte y sigue por la Divan Yolu Caddesi en dirección oeste.

Puente de Gálata (ver pág. 113) Pídete un aperitivo, siéntate, y mientras esperas la puesta de sol, disfruta de las estelas que dejan los barcos en el Cuerno de Oro.

Haliç

EMİNÖNÜ

Eminönü

❻ Puente de Gálata
(Galata Köprüsü)

| 0 | 400 metros |
| 0 | 400 yardas |

3 Santa Sofía (ver págs. 60-61)
Admira una de las colecciones de mosaicos bizantinos más hermosas que quedan. Dirígete hacia el sur por el parque de Sultanahmet Meydani.

2 Museos Arqueológicos de Estambul (ver págs. 58-59)
Descubre tesoros de todo el Medio Oriente.
A continuación, sal por la Puerta Imperial de Topkapi y continúa en dirección a Sultanahmet Meydani.

1 Palacio de Topkapi
(ver págs. 62-65) Pasea por los cuatro patios del palacio antes de entrar al harén. Cruza el primer patio y dirígete hacia el oeste, hacia la puerta de los Museos Arqueológicos.

Mapa

KENNEDY CAD.

Parque GÜLHANE

Palacio Topkapi
(Topkapı Saray)

1

2 **Museos Arqueológicos de Estambul**
(İstanbul Arkeoloji Müzeleri)

Gülhane

3 **Santa Sofía**
(Ayasofya Müzesi)

SULTANAHMET

ALEMDAR CAD.

Mercado de las Especias
(Mısır Çarşısı)

Sirkeci

ANKARA CAD.

YEREBATAN CAD.

VASIF ÇINAR CAD.

Cisterna Basílica
(Yerebatan Sarnıcı)
Sultanahmet

TORUN SK.

4

KÜÇÜK AYASOFYA CAD.

Mezquita Azul
(Sultan Ahmet Camii)

Museo de Arte Turca
e Islámica

Gran Bazar
(Kapalı Çarşı)

5

YENIÇERILER CAD.

FUAT PAŞA CAD.

**ESTAMBUL EN UN DÍA LONGITUD: 5 KM
DURACIÓN: UNAS 8 HORAS PARADA DE TRANVÍA DE INICIO: GÜLHANE**

Sugerencias

Esta ruta propone lo mejor del casco viejo de Estambul. Cada monumento se describe a continuación en otras páginas de la guía, basta con seguir las referencias para obtener más información. Las sugerencias ofrecen consejos, en caso de que se tenga poco tiempo, e ideas alternativas, y recomiendan restaurantes cercanos.

❶ **Palacio de Topkapı** (ver págs. 62-65) Los mejores momentos para visitar el Palacio de Topkapı (Topkapı Sarayı) son por la mañana y por la tarde, cuando hay menos turistas. Planifica tu día para disfrutar del casco viejo de Estambul desde cada uno de los puntos estratégicos. Ten en cuenta que el número de personas permitidas para visitar el ■ **HAREM** es limitado, por

lo que es mejor planificar tu visita con bastante antelación (consulta el recuadro de la pág. 63).

❷ **Museos Arqueológicos de Estambul** (ver págs. 58-59) Explora los ■ **MUSEOS ARQUEOLÓGICOS** (Arkeoloji Müzesi) y descubre los artefactos encontrados durante la construcción de la línea de metro Bósforo – Mármara. Las excavaciones sacaron a la luz el antiguo puerto de Teodosio y una rica colección de bienes procedentes de barcos hundidos, como ánforas, lámparas de aceite y marfil. Después de haber paseado bajo las arcadas del Pabellón de los Azulejos, que alberga el ■ **MUSEO DE ARTE ISLÁMICO** (Çinili Köşk Müzesi), haz una parada en el café Gülhane Kandil, al pie de la colina sobre la que se extiende el ■ **PARQUE GÜLHANE** (Gülhane Parkı; ver págs. 57-58).

Vista del Parque Gülhane, frente al Cuerno de Oro y el Bósforo.

❸ Santa Sofía (ver págs. 60-61)
Si tienes hambre, disfruta de un
tentempié en ■ **Ayasofya Meydani,**
justo antes de la entrada a Santa Sofía
(Ayasofya Camii). Podrás degustar
mazorcas de maíz asadas, castañas
asadas y pan *simit* recién horneado
(ver pág. 87). Si la mezquita está
demasiado llena, opta por visitar
otra opción cercana. Encontrarás
el ■ **Mausoleo del Sultán Selim II,**
que data del siglo XVI y que está
revestido de magníficos azulejos,
y donde están las tumbas de otros
cuatro sultanes. La entrada es gratuita.
Dobla la esquina hacia Bab-ı Hümayun
Caddesi y verás la entrada a la zona
de las tumbas.

❹ Mezquita Azul (ver págs. 54-55)
De camino a la Mezquita Azul no te
pierdas la ■ **Piedra del Millón**
(Milion Taşı, *Divan Yolu Caddesi),* una
reliquia de la época en la que Estambul
todavía se llamaba Constantinopla.
Este monumento marca el punto desde
el cual se medían las distancias a las
principales ciudades del imperio.

❺ Gran Bazar (ver págs. 80-83)
Mientras estés en esta zona, descubre
los característicos ■ **Hans** que hay en
torno al Gran Bazar (Kapalı Çarşı).
Muchos de estos espacios comerciales
todavía son utilizados por artesanos.

UN **DÍA A TU MEDIDA**

En lugar de contemplar la puesta de sol
desde el Puente de Gálata, reserva un
inolvidable crucero nocturno por el
Bósforo. **Bosphorus Tours** *(0554 797
2646, €€€€, bosphorustour.com)* ofrece
cruceros diarios que incluyen cena y
espectáculos tradicionales turcos como
los de música *kabatim,* ceremonia de la
henna y la danza del vientre. Los precios
incluyen los traslados a tu hotel.

Para un poco de paz, visita el tranquilo
■ **Iç Cebeci Han** en la parte noroeste,
donde se reparan las alfombras.

❻ Puente de Gálata (ver pág. 113)
Llega al Puente de Gálata (Galata
Köprüsü) a tiempo para disfrutar de
la puesta de sol sobre la ciudad. Para
terminar el día con una buena cena a
base de pescado, cruza al otro lado del
puente y toma uno de los carriles del
■ **Mercado de Pescado de Karaköy**
(Karaköy Balık Pazarı; ver pág. 37).
Prueba el ■ **Tarihi Karaköy Balıkçısı**
*(Kardeşim Sokak 45, 0212 243 4080,
€€€, karakoybalikcisi.com)* para una
cena con unas vistas impresionantes.
Al este del puente, el moderno
complejo Galataport *(galataport.com)*
ha revolucionado el paseo marítimo
de Karaköy: cena en ■ **Limam** *(Mecli-i
Mebusan Caddesi O2 Block, 0212 877
0948, €€€; limanistanbul.com).*

Estambul en un fin de semana

Del arte bizantino al lujo otomano, los lugares imprescindibles de Estambul revelan una cultura polifacética.

1 Palacio de Topkapi
(ver págs. 62-65) Visita el Tesoro Imperial para admirar la famosa daga con gemas incrustadas. Dirígete hacia el oeste pasando por la explanada cubierta de hierba para llegar a los cercanos Museos Arqueológicos de Estambul.

5 Cisterna Basílica
(ver págs. 56-57)
Explora esta basílica subterránea, que es aún más evocadora desde que se ha instalado el nuevo sistema de iluminación.

Estación de ferrocarril de Sirkeci
(Sirkeci Tren Gari)

SIRKECI

Parque GÜLHANE

Gülhane

HÜDAVENDIGAR CAD.

EBUSSUUD CAD.

1 Palacio Topkapi
(Topkapı Sarayı)

2 Museos Arqueológicos de Estambul
(İstanbul Arkeoloji Müzeleri)

4 Mezquita Azul
(ver págs. 54-55)
Descubre los diferentes colores y motivos utilizados en las miles de teselas Iznik. Dirígete hacia el norte por Sultanahmet Meydanı y luego hacia Yerebatan Caddesi.

2 Museos Arqueológicos de Estambul (págs. 58-59)
Admira las escenas que alguna vez fueron parte de la Puerta de Ishtar de Babilonia. A continuación, regresa por el primer patio del Palacio de Topkapi y luego hacia el sur hasta Ayasofya Meydanı.

3 Santa Sofía (ver págs. 60-61)
Anda hasta lo alto de las escaleras para contemplar los impresionantes interiores cubiertos de mosaicos dorados. Siga hacia el sur en dirección a la pintoresca Ayasofya Meydanı y luego al parque de Sultanahmet.

Chiesa di Santa Irene
Fuente del sultán Ahmed III
Santa Sofía (Ayasofya Müzesi)
Cisterna Basílica (Yerebatan Sarnıcı)
Sultanahmet Cisterna de Filoxeno
ALEMDAR CAD.
YEREBATAN CAD.
KIYILUGUN SK.
TORUN SK.
KÜÇÜK AYASOFYA CAD.
KALECİ SK.
SULTANAHMET
Hipódromo
Mezquita Azul (Sultan Ahmet Camii)
Pequeña Mezquita de Santa Sofía

400 metros
400 yardas

ESTAMBUL EN UN FIN DE SEMANA DÍA 1 LONGITUD: 2,5 KM
DURACIÓN: UNAS 7 HORAS PARADA DEL TRANVÍA DE INICIO: GÜLHANE

Sugerencias

Dos días dan tiempo suficiente para sumergirse en la diversidad cultural de Estambul. Durante el primer día, descubrirás los principales lugares del casco viejo, pero aún tendrás margen para improvisar. Puedes obtener más información sobre los sitios de interés en páginas posteriores de la guía, y tómate estas sugerencias como alternativas.

❶ **Palacio de Topkapi** (ver págs. 62-65) Si tienes poco tiempo, limita tu visita al increíble ■ **HAREM**. Si no tienes el ■ **MUSEUM PASS** (ver págs. 177-178), compra tu entrada nada más llegar y visita uno o dos de los cuatro patios mientras esperas tu turno para entrar. Son pocos los visitantes que llegan al ■ **CUARTO PATIO**, que por tanto podría

Esculturas de la escuela helenística en el interior de los Museos Arqueológicos.

ser el más tranquilo. Aquí hay numerosos pabellones de verano y, en la esquina noreste, una ■ **TERRAZA PANORÁMICA** con vistas al Bósforo y al Cuerno de Oro.

❷ **Museos Arqueológicos de Estambul** (ver págs. 58-59) Concentra tu visita en uno de los tres museos. El ■ **MUSEO DE ARTE ISLÁMICO** ubicado en el Pabellón de los Azulejos (Çinili Köşk Müzesi; ver pág. 105) tiene unas dimensiones asumibles. Otra alternativa sería omitir la visita por completo y dirigirse al ■ **PARQUE GÜLHANE** (Gülhane Parkı; ver págs. 57-58). En este parque, muy pintoresco durante todo el año, se puede descansar o pasear al aire libre.

❸ **Santa Sofía** (ver págs. 60-61) Si solo planeas ver una cosa en Santa Sofía asegúrate de que sea la ■ **GALERÍA SUR** (planta superior), con sus magníficos mosaicos bizantinos. De camino al museo, justo después de la

■ **Puerta Imperial** del Palacio de Topkapi, a la izquierda se encuentra la ■ **Fuente del Sultán Ahmed III**, con sus magníficas decoraciones, un bello ejemplo de la arquitectura otomana de la época de los Tulipanes. Si buscas un lugar para comer, justo después de la Divan Yolu Caddesi, está el ■ **Mozaik** (*İncili Çavuş Sokak 1, 0532 744 8559, €-€€*): ofrece un ambiente relajado, mesas al aire libre y un menú internacional. Cinco minutos a pie al oeste de Santa Sofía llegarás al más tradicional ■ **Rumeli Cafe** (*Ticarethane Sokak 8, 0532 646 7586, €€*), cuya especialidad son los raviolis turcos (*mantı*).

❹ **Mezquita Azul** (ver págs. 54-55) Entre Santa Sofía (Ayasofya Müzesi) y la Mezquita Azul (Sultan Ahmet Camii), tómate un rato para hacer un recorrido por el ■ **Hipódromo** (ver pág. 70), donde los ciudadanos ven competir a los aurigas. No todos los edificios se remontan a la antigüedad. No te pierdas la ■ **Fuente Alemana**, que conmemora la visita del káiser Guillermo II a Estambul en 1898. Admira el mosaico dorado de la bóveda de la cúpula. Si continúas hacia el sur encontrarás, en este orden, el ■ **Obelisco de Teodosio** (ver pág. 32), la ■ **Columna de la Serpiente** (Yılanlı Sütun) y el ■ **Obelisco Amurallado**

(Örme Dikilitaş), un hallazgo de piedras del siglo v cuyo origen hoy en día sigue siendo un misterio, y que es conocido también como el Obelisco de Constantino Porfirogéneta, en referencia al emperador bizantino que ordenó su restauración en el siglo x.

❺ **Cisterna Basílica** (ver págs. 56-57) Si hay largas colas esperando para entrar a la Cisterna Basílica (Yerebatan Sarnıcı), avanza hacia el oeste por Divan Yolu Caddesi. Te bastarán cinco minutos para llegar a İmran Öktem Caddesi 4, donde se encuentra la ■ **Cisterna de Filoxeno** (Binbirdirek Sarnıcı; ver pág. 33). Este depósito subterráneo tiene menos columnas que la famosa Cisterna Basílica – 112 menos, para ser precisos –, pero es igual de impresionante y atrae a muchos menos turistas.

VISITAS RÁPIDAS

Estambul en un fin de semana

Este día dedicado al ocio empieza y acaba con visitas a los bulliciosos mercados cubiertos.

❶ Mezquita de Solimán (ver pág. 76)
Admira los finos detalles de la segunda mezquita de la ciudad. Sal por el lado sur, continuando por Fuat Paşa Caddesi y Çadırcılar Caddesi.

❷ Gran Bazar
(ver págs. 80-83)
Ábrete camino a través de la sala de comercio bizantina original. Saliendo del bazar desde Mahmutpaşa Kapısı, baja en zigzag hacia Mahmutpaşa Yokuşu.

❸ Bocadillo de pescado en Eminönü
(ver pág. 86) Recupera energías con un aromático bocadillo de pescado de cualquier restaurante de la zona. Las excursiones en barco por el Bósforo salen de la estación marítima de Eminönü.

VISITAS RÁPIDAS

Torre de Gálata

Karaköy

Haliç

Puente de Gálata
(Galata Köprüsü)

Paseo en barco
por el Bósforo

Bocadillos
de pescado
en Eminönü

❹

❻

❸

EMİNÖNÜ

Mezquita de Solimán
(Süleymaniye Camii)

❶

Eminönü

❺

Mercado de las Espe...
(Mısır Çarşısı)

VASIF   ÇINAR CAD.

Oficina
de Correos
Grande

Torre
Beyazıt

Vezneciler

DARÜLFÜNUN CAD.

❷ **Gran Bazar**
(Kapalı Çarşı)

Beyazıt-Kapalıçarşı

YENİÇERİLER CAD.

0   400 metros
0   400 yardas

---

❼ Cena en Karaköy (ver pág. 25)
Termina el fin de semana con una abundante comida en Fasuli, una posada tradicional al borde de la arquitectura moderna de Galataport.

❻ Puente de Gálata (ver pág. 113)
Pasea lentamente desde el lado occidental del puente para disfrutar de una de las famosas puestas de sol sobre el Cuerno de Oro. Continúa hacia el norte hasta Karaköy, luego hacia el este hasta Kemankeş Caddesi.

7
Cena en
Karaköy

❺ Mercado de las Especias (ver pág. 78)
Experimenta los colores, sonidos y aromas de este antiguo mercado cubierto. Luego regresa por Ragıp Gümüşpala Caddesi.

❹ Paseo en barco por el Bósforo (ver pág. 25)
Siéntate y relájate mientras navegas a lo largo y ancho del Bósforo. Al regresar a Eminönü, cruza Ragıp Gümüşpala Caddesi en dirección sur.

VISITAS RÁPIDAS

Sugerencias

En el segundo día de tu fin de semana, déjate guiar por algunos consejos para sacar lo mejor del recorrido; aunque tengas poco tiempo, puedes permitirte algunos desvíos. La ruta incluye un paseo en barco por el Bósforo. Consulta las páginas para informarte sobre los distintos monumentos.

VISITAS RÁPIDAS

❶ Mezquita de Solimán

(ver pág. 76) Si no tienes tiempo para visitarla entera entra para disfrutar de sus cuidadísimas ■ ESCRITURAS , compuestas por los mejores artistas de la época y muy bien conservadas.

❷ Gran Bazar (ver págs. 80-83) Llega al Gran Bazar (Kapalı Çarşı) con ideas claras sobre qué ver, por ejemplo ■ YAĞLIKÇILAR CADDESI para comprar las telas rápidamente. Si estás más

Patio interior de la Mezquita de Solimán.

interesado en la arquitectura pasa bajo las bóvedas de ■ İÇ BEDESTEN, la elegante sala de negociaciones. Fuera del Bazar, a lo largo del perímetro este, se encuentra la calle comercial ■ Ç. NURUOSMANIYE CADDESI. No pierdas la oportunidad de visitar al menos una de las refinadas joyerías que se encuentran aquí.

❸ Bocadillos de pescado en Eminönü

(ver pág. 86) Si te tienta un bocadillo de pescado sumérgete en ■ TAHTAKALE (ver pág. 79), el laberinto de calles al sur de Ragıp Gümüşpala Caddesi. Sigue el olor – y a los residentes – para disfrutar de un sabroso kebab. Verás brochetas de carne en muchos escaparates. Mientras estés en la zona, no te pierdas la ■ OFICINA DE CORREOS GRANDE (Büyük Postane; *Büyük Postane Caddesi 25*). Pasa por la fachada de mármol para admirar las vidrieras y los interiores de madera.

❹ Paseo en barco por el Bósforo
(ver pág. 25) Varias compañías navieras
ofrecen viajes cortos por el Bósforo
(duración aproximada de 90 minutos),
pero el ■ **Tur Yol** *(Necatibey Caddesi,
Akçe Sokak 3, 0212 2514421, €€, turyol.
com)* es el único operativo todo el año.
Los tours salen cada hora de 10:00 a
20:00 h., los horarios pueden variar según
las estaciones y las condiciones climáticas.
Consulta los detalles en el sitio. Puedes
embarcar en la terminal de barcos de
Eminönü en el extremo occidental del
■ **Puente de Gálata** (Galata Köprüsü;
ver pág. 113). Cuando el barco abandone
el Cuerno de Oro para dirigirse al norte,
hacia el Bósforo, verás la ■ **Torre de
Gálata** (Galata Kulesi; ver págs.
110-111) y luego el ■ **Palacio
Dolmabahçy** (Dolmabahce Sarayı; ver
págs. 152-153). Mientras navegas hacia el
Puente del Bósforo (Boğaziçi Köprüsü)
y continúas hacia el norte, podrás admirar
los bonitos barrios costeros de Bebek y
Arnavutköy a la izquierda, seguidos por la
■ **Fortaleza de Rumeli** (Rumelihisarı;
ver pág. 156) del siglo xv. El punto de
inflexión está en el ■ **Puente Fatih
Sultán Mehmet** (Fatih Sultan Mehmet
Köprüsü, también conocido como el
Segundo Puente del Bósforo). En el
camino de regreso a Eminönü apreciarás
a la izquierda el ■ **Palacio Beylerbeyi**
(Beylerbeyi Sarayı; ver pág. 162).

UN **DÍA A TU MEDIDA**

¿Quieres que tu fin de semana junte el lado
europeo y el asiático? Evita los bocadillos
de pescado y el viaje por el Bósforo en ferry
a Kadıköy *(20 minutos, €)*. Después de la
visita al **Mercado de pescado de Kadıköy**
(Kadıköy Balık Pazarı; ver págs. 166-167)
apunta **Çiya Sofrası** *(Güneşlibahçe Sokak
43, 0216 330 3190, €-€€, ver págs. 166-167).*
Luego tendrás tiempo de regresar
al Mercado de las Especias y disfrutar
de la puesta de sol desde el Puente de
Gálata, incluso en invierno.

❺ Mercado de las Especias
(ver pág. 78) Dirígete a ■ **Tahmis Sokak**
en el perímetro occidental del mercado
para entrar a ■ **Kurukahveci Mehmet
Efendi** *(N. 66)*, propietario de la marca
de café turca más famosa, y compra tu
paquete recién tostado. Puedes encontrar
cafeteras en las tiendas cercanas.

❻ Puente de Gálata (ver pág. 113)
Con tonos de color que van del carmesí
al rubí, la puesta de sol que se ve desde
aquí no tiene comparación a ninguna
otra parte de Estambul.

❼ Cena en Karaköy Reserva en
■ **Fasuli** (ver pág. 113) para disfrutar de los
sabores genuinos de la gastronomía turca.
En lugar de comer el postre aquí, regresa a
■ **Karaköy Güllüoğlu** (ver pág. 36) para
disfrutar de algunos de los mejores
baklava que encontrarás en la ciudad.

Divertirse en Estambul

*Compra en anticuarios, purifícate en un baño turco
y bebe cócteles mientras el sol se pone sobre Europa.*

VISITAS RÁPIDAS

5 **Tünel** (ver págs. 29, 133)
Cada noche es posible
tomar un cóctel en el
moderno Tünel. Para un
final espectacular del
recorrido, dirígete a
uno de los bares en las
azoteas del vecindario.

ÇUKURCUMA

Plaza
Tünel
Şişhane · Tünel

Teatro de los
Derviches Giratorios
(Galata Mevlevihanesi) · **4**

Torre de Gálata
(Galata Kulesi) · **3**

Tünel · **5**

TERSANE CAD. · Karaköy

· Haliç

Haliç

GALATA KÖPRÜSÜ · KEMERALTI CAD.

4 **Teatro de los Derviches
Giratorios** (ver págs. 29, 110)
Disfruta del espectáculo
atemporal de los Derviches
Turcos. Regresa a la Torre
de Gálata o dirígete a
İstiklal Caddesi.

**DIVERTIRSE EN ESTAMBUL   LONGITUD: 5 KM
DURACIÓN: APROXIMADAMENTE 7 HORAS   SALIDA PARADA DE METRO: TAKSIM**

Metro:
Taksim

Galatasaray **2** **Hammam Galatasaray**
(Galatasaray Hamamı)

YENİ CARŞI CAD.

BOĞAZKESEN CAD.

CİHANGİR

1 **Cihangir y**
Çukurcuma

MECLİS-İ MEBUSAN CAD.

Tophane

NEZ ATBEY CAD.

İstanbul
Boğazi
(Bósforo)

0   400 metros
0   400 yardas

❶ Cihangir y Çukurcuma
(ver págs. 28, 128-131) Pasea por los
distritos de vendedores de segunda
mano de Estambul en busca de
souvenires antiguos. Luego continúa
hacia Turnacıbaşı Caddesi.

❷ Hammam Galatasaray (ver pág. 28)
Disfruta de la antigua tradición local
del baño turco. Luego dirígete hacia
el sur hacia İstiklal Caddesi y Galip
Dede Caddesi.

❸ Torre de Gálata
(ver págs. 28-29, 110-111)
Disfruta del horizonte
desde lo alto de la Torre
de Gálata. Vuelve a Galip
Dede Caddesi.

Compras vintage en Ayşy Orberk en el distrito de Çukurcuma.

Cihangir y Çukurcuma

1 En las calles de Beyoğlu se camina entre cafés y *boutiques* originales. Podrás encontrar de todo un poco, desde la tienda de discos de vinilo hasta la tienda de segunda mano repleta de objetos curiosos. Mézclate con los lugareños, navega en **Cihangir Antik** (*Ağa Hamamı Sokak 7/A, 0537 410 1668*) o busca en **Ayşe Orberk** (*Turnacıbaşı Caddesi 51, 0212 252 6635*) para cerámica, lámparas y juegos de té.

Akarsu Caddesi &SıraselvilerCaddesi
• Metro: Taksim

Hammam Galatasaray

2 Regálate los beneficios de un baño turco tradicional en el Hammam Galatasaray (Galatasaray Hamamı), abierto desde 1481. Después de desvestirte, equípate con tu toalla (*peştemal*) y zapatillas de madera (*takunya*), accede a la zona de baño revestida de mármol y presidida por la cúpula. Opta por el servicio *pasha*: comienza relajándote sobre losas de mármol calentadas durante 20 minutos, seguido de un vigoroso masaje con jabón, luego una ducha fría (opcional) y luego un segundo masaje con aceites aromáticos.

Turnacıbaşı Caddesi 8 • 0212 252 4242 • €€€€ • Tranvía: Galatasaray
• galatasarayhamami.com

Torre de Gálata

3 La subida a la Torre de Gálata (Galata Kulesi) es imprescindible para quienes visitan Estambul por primera vez. Como muchos prefieren visitarla al atardecer, es mejor organizarse para ir por la tarde. Una vez que llegues a la cima, serás recompensado con la vista incomparable de toda la ciudad. Gira hacia el balcón para ver el **Palacio Topkapi** (Topkapı Sarayı; ver págs. 62-65) y **Santa Sofía** (Ayasofya Müzesi; ver págs. 60-61) en el vecindario Sultanahmet, los dos puentes sobre el Bósforo y el tráfico del ferry a los lejos en la costa asiática.

Gálata Kulesi • 0212 249 0344 • €€€ • Tranvía: Tünel; Karaköy • muze.gov.tr

Teatro Derviche Giratorio

4 Ningún icono representa la antigua Estambul como los monjes que actúan en el Teatro Derviche Giratorio (Galata Mevlevihanesi; *domingo a las 18.00 h, €€€€*). Admira a los bailarines vestidos de blanco dando vueltas en un estado de éxtasis religioso. Las entradas se pueden adquirir en la entrada del edificio todos los domingos por la mañana (ver recuadro pág. 110). En los días sin espectáculos, puedes visitar el museo para aprender más sobre la orden religiosa Mevlevi.

Galip Dede Caddesi 15 • 0212 245 4141 • Cerrado lun. • € • Tranvía: Tünel • muze.gov.tr

Tünel

5 La mejor manera de terminar el viaje es en un bar en la azotea de Tünel con un cóctel *rakı*. Para disfrutar de una vista espectacular con una bebida, toma el ascensor del **Anemon Hotel** (*Büyük Hendek Caddesi 5, 0212 293 2343, anemonhotels. com*) hasta el último piso. Se encuentra junto a la Torre de Gálata (Galata Kulesi). Como alternativa, dirígete al **Duble Meze Bar** (*Meşrutiyet Caddesi 85, 0544 822 3010, dublemezebar.com*) en la azotea del Hotel Palazzo Donizetti. Pide una copa de Chardonnay turco – los entendidos eligen Sarafin o Corvus.

Cruce de caminos entre İstiklal Caddesi y Galip Dede Caddesi • Metro: Şişhane/Tünel

DÓNDE **COMER**

■ **CAFÉ FIRUZ**
Firuz sirve abundantes desayunos y comidas a precios razonables. El café está impregnado del ambiente relajado de Çukurcuma. **Defterdar Yokuşu 55, 0212 252 0242, €€**

■ **FIRUZENDE GALATA**
Cena a la luz de las velas en la terraza del Hotel Anemon con vistas al Bósforo y la Torre de Gálata. Platos turcos con excursiones a la cocina internacional. **Büyük Hendek Caddesi 5, 0212 2451 861, firuzende.com, €€€**

■ **RESTAURANTE GÜNEY**
Ofrece platos turcos sencillos, como entrantes mixtos y kebabs. Elige una mesa afuera, justo en frente de la torre. **Şah Kapısı Sokak 2B, 0212 249 0393, €€**

Estambul histórica

Recorre la ciudad para descubrir sitios menos transitados, entre columnas antiguas, cisternas subterráneas y colecciones arqueológicas poco comunes.

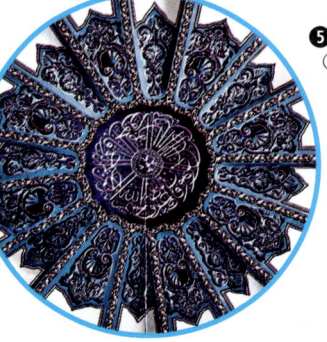

❺ Pequeña Mezquita de Santa Sofía
(ver pág. 33) Admira esta pequeña mezquita que alguna vez fue conocida como la Iglesia de los Santos Sergio y Baco. Luego vuelve a subir hacia Sultanahmet. Toma el tranvía (T1) cuatro paradas hacia el oeste hasta Aksaray, luego camina hacia el norte hasta Atatürk Bulvarı.

❻ Acueducto de Valente
(Bozdoğan Kemeri)

ŞEHZADEBAŞI CAD.

Vezneciler

❹ Cisterna de Filoxeno
(ver pág. 33) Disfruta del frescor tranquilo de este embalse subterráneo. Regresa a Sultanahmet Meydanı y continúa cuesta abajo por Su Terazisi Sokak hacia la costa.

❻ Acueducto de Valente (ver pág. 33) No te puedes perder la enorme construcción que alguna vez transportó agua desde 250 kilómetros de distancia hasta Sultanahmet. En autobús o taxi dirígete hacia el norte por Atatürk Bulvarı hasta el Cuerno de Oro.

ESTAMBUL HISTÓRICA LONGITUD: 6 KM
DURACIÓN: APROXIMADAMENTE 7 HORAS PARADA DE TRANVÍA DE SALIDA: SULTANAHMET

VISITAS RÁPIDAS

❶ Museo de Antigüedades Orientales
(ver pág. 32) Lee el poema de amor más antiguo del mundo, grabado en una tablilla de arcilla. Cruza Sultanahmet Meydanı y dirígete al Hipódromo.

Parque GÜLHANE

Torre Beyazıt

0 — 400 metros
0 — 400 yardas

FUAT PAŞA CAD.

Museos Arqueológicos de Estambul (İstanbul Arkeoloji Gülhane Müzeleri)

Palazzo Topkapı (Topkapı Sarayı)

DARÜLFÜNUN CAD.

Gran Bazar (Kapalı Çarşı)

YEREBATAN CAD.

Museo de Antigüedades Orientales (Eski Şark Eserleri Müzesi) ❶

Beyazıt-Kapalıçarşı
Çemberlitaş
Sultanahmet

YENİÇERİLER CAD.

Iglesia de Santa Sofía (Ayasofya Müzesi)

Cisterna de Filoxeno (Binbirdirek Sarnıcı) ❹

SULTANAHMET

TİYATRO CAD.

GEDİK PAŞA CAD.

Museo de Arte Turco e Islámico (Türk ve İslam Eserleri Müzesi) ❸

❷ **Obelisco de Teodosio** (Dikilitaş)

KADIRGA LİMANI CAD.

KÜÇÜK AYASOFYA CAD.

KENNEDY CAD.

❺

Pequeña Mezquita de Santa Sofía (Küçük Ayasofya Camii)

❷ **Obelisco de Teodosio**
(ver págs. 32, 70) Rodea este pilar en el corazón de la ciudad vieja, tal como lo hacían los aurigas hace 1600 años. Pasea por el Hipódromo.

❸ **Museo de Arte Turco e Islámico**
(ver págs. 32, 104) Estudia los antiguos fragmentos coránicos de Damasco. Al salir, camina hacia el norte por la manzana hasta İmran Öktem Caddesi.

Museo de Antigüedades Orientales

1 Una de las tres colecciones de los **Museos Arqueológicos de Estambul** (İstanbul Arkeoloji Müzeleri; ver págs. 58-59), la del Museo de Antigüedades Orientales (Eski Şark Eserleri Müzesi) alberga las mayores colecciones de hallazgos de las civilizaciones del antiguo Oriente Próximo. Digno de mención es el **Tratado de Kadesh,** una declaración de paz del siglo XIII a. C. entre los hititas y los egipcios.

Osman Hamdi Bey Yokuşu Sokak • 0212 520 7740 • €€ • Tranvía: Gülhane • muze.gov.tr

Obelisco de Teodosio

2 Entre los monumentos de celebración que decoran el antiguo **Hipódromo** de Sultanahmet Meydanı (ver pág. 70), el Obelisco de Teodosio (Dikilitaş) es el más impresionante. Con 3500 años de antigüedad y 19 m de altura, llegó a Estambul en el siglo IV d. C. Los jeroglíficos que allí se pueden leer conmemoran la victoria de los egipcios del faraón Tutmosis III a orillas del río Éufrates en 1450 a. C.

Sultanahmet Meydanı • Tranvía: Sultanahmet

Museo de Arte Turco e Islámico

3 Ubicado en un antiguo palacio otomano, el Museo de Arte Turco e Islámico (Türk ve İslam Eserleri Müzesi) exhibe artefactos elaborados a lo largo de un milenio. Presentado en orden cronológico, el recorrido por el museo es un viaje en el tiempo. En las 17 salas se pueden admirar ejemplos de valiosos artefactos artísticos creados durante un periodo de tiempo que va desde la época de los primeros califas hasta finales del Imperio Otomano.

Atlas otomano del siglo XVII en el Museo de Arte Turco e Islámico.

Meydanı Sokak 12 • 0212 518 1805 • €€ • Tranvía: Sultanahmet • muze.gov.tr

Cisterna de Filoxeno

4 Olvidada durante muchos siglos, la Cisterna de Filoxeno (Binbirdirek Sarnıcı) es una alternativa posible a la muy popular **Cisterna Basílica** (Yerebatan Sarnıcı; ver págs. 56-57) no muy lejana. El apodo turco para el tanque se traduce como «1001 columnas». Para aquellos que tengan la paciencia de contarlas, realmente les saldrá 224, tienen unos 10-15 m de altura y sostienen la bóveda de ladrillo del antiguo aljibe de agua. En la parte superior, numerosos pilares están personalizados con los grabados de los artesanos que los esculpieron.

Imran Öktem Caddesi 2/1 • €€ • Tranvía: Sultanahmet

Pequeña Mezquita de Santa Sofía

5 Como su hermana mayor enclavada en la colina y cubierta de hojas doradas, la Pequeña Mezquita de Santa Sofía (Küçük Ayasofya Camii) fue convertida en un lugar de culto islámico tras la conquista otomana. Antes de entrar, fíjate en los muros de piedra rematados como una iglesia. El minarete y la fuente de abluciones se añadieron en los siglos siguientes. La nave y las semicúpulas que sostienen las bóvedas revelan el origen cristiano.

Küçük Ayasofya Camii Caddesi • Cerrado el vie. • Tranvía: Sultanahmet

TURISTAS **INFORMADOS**

¿Buscas algo refrescante cerca del acueducto de Valente? Justo al noreste encontrarás **Vefa Bozacısı** (*Vefa Caddesi 66, €, vefa.com*), con sus famosas bebidas: *şıra*, elaborada con zumo de uva para el verano, y *boza*, elaborada con mijo, en invierno.

Acueducto de Valente

6 Las antiguas cisternas de Estambul eran abastecidas por docenas de puentes que transportaban agua desde lejos. El corazón de este sistema hidráulico fue el acueducto de Valente. (Bozdoğan Kemeri). Con 1.000 m de longitud, siguió suministrando agua a los sultanes otomanos en el **Palacio Topkapi** (Topkapi Sarayı; ver págs. 62-65) durante un milenio. Pasa bajo los arcos para captar la dimensión ciclópea de la estructura.

Atatürk Bulvarı • Autobuses: 41Y, 78, 93

Estambul para gourmets

Mercados tentadores, menús tradicionales y delicias dulces realzan los sabores de este recorrido gastronómico.

5 Mercado de pescado de Karaköy

(ver pág. 37) La lubina y el salmonete brillan frescos en los puestos con la pesca del día. Cierra el recorrido regresando al norte hasta Kardeşim Sokak, justo debajo de Tersane Caddesi.

6 Restaurante panorámico

(ver pág. 37) Disfruta de impresionantes vistas del Palacio de Topkapi, la Mezquita Azul y el Bósforo mientras disfrutas de platos de mariscos locales.

4 Perşembe Pazarı

(ver pág. 37) Sumérgete en la multitud de colores, sonidos y aromas del distrito industrial de Estambul, lleno de cafeterías y salones de té sin pretensiones. Camina en esta dirección hacia Tersane Caddesi.

Teatro de los Derviches Giratorios
(Galata Mevlevihanesi)

Tophane

Torre de
Gálata

NECATIBEY CAD

3 Karaköy
Güllüoğlu

Perşembe
Pazarı 4

TERSANE CAD

Karaköy

5 Mercado
de pescado
de Karaköy
(Karaköy
Balık Pazarı)

Restaurante
panorámico 6

GALATA KÖPRÜSÜ

Haliç

❸ Karaköy Güllüoğlu (ver pág. 36) Reúnete con los lugareños mientras disfrutas del *baklava* más famoso de Estambul. Camina hacia el oeste hasta Karaköy cruzando Kemeraltı Caddesi por el camino.

❷ Cooking Alaturka (ver pág. 36) Aprende a cocinar auténtica comida turca. Después del almuerzo, toma el tranvía (T1) hacia el norte desde Sultanahmet hasta Karaköy. Luego continúa dirección este hacia Mumhane Caddesi.

❶ Mercado de las Especias (ver pág. 36, 78) Déjate atraer por la mezcla de aromas exóticos. Luego camina hacia Eminönü y toma el tranvía (T1) dirección sur, hacia el corazón de Sultanahmet.

Mapa:

EMINÖNÜ

❶ Mercado de las Especias (Mısır Çarşısı)

Eminönü

Sirkeci

KENNEDY CAD.

VASIF ÇINAR CAD.

ANKARA CAD.

ALEMDAR CAD.

Gülhane

Parque GÜLHANE

Palacio Topkapı (Topkapı Sarayı)

Museos Arqueológicos de Estambul (İstanbul Arkeoloji Müzeleri)

Santa Sofía (Ayasofya Müzesi)

SULTANAHMET

Sultanahmet

Museo de Arte Turco e Islámico

Hipódromo

PEYKHANE CAD.

Mezquita Azul (Sultan Ahmet Camii)

❷ Cooking Alaturka

0   400 metros
0   400 yardas

VISITAS RÁPIDAS

**ESTAMBUL PARA GOURMETS LONGITUD: 8 KM PARADA DE TRANVÍA DE SALIDA: EMINÖNÜ
DURACIÓN: APROXIMADAMENTE 10 HORAS**

Mercado de las Especias

1 Mézclate con la multitud matutina en el Mercado de las Especias (Mısır Çarşısı) y deléitate con algunos *souvenirs gourmet*. Abastécete de frutas deshidratadas y té de manzana, y luego envásalos al vacío para el viaje. No olvides los clásicos dulces turcos *(lokum):* **Hayat** *(Mısır Çarşısı 8, 0212 528 4586)* ofrece una versión endulzada con jugo de uva y miel.

Entradas desde Ragıp Gümüşpala Caddesi, Tahmis Sokak, Çiçek Pazarı Sokak y Yeni Cami Caddesi • Tranvía: Eminönü

Cooking Alaturka

2 Cooking Alaturka ofrece cursos de cocina de 2 a 3 horas seguido de un almuerzo de cinco platos *(de 10:30 a 14:30 h.)*. El menú tradicional incluye lentejas rojas con sopa de bulgur *(ezogelin çorbası)*, tortitas de calabacín con crema de queso *(kabak mücveri)* y berenjenas rellenas de cordero *(karnıyarık)*. También organizan clases nocturnas *(de 16:30 a 20:30 h.)*.

Akbıyık Caddesi 72A • 0212 458 5919 • Cerrado el dom. • €€€€ • Tranvía: Sultanahmet • cocinaalaturka.com

Familiarizándose con *el karnıyarık*, berenjenas rellenas de cordero, en Cooking Alaturka.

Karaköy Güllüoğlu

3 Por su *baklava*, desde 1949 Karaköy Güllüoğlu es el destino de peregrinación de los *gourmets*. Las variedades de estas pastas a base de frutos secos van desde *nuriye*, con leche, nueces y nata, hasta postres con pistacho. Prueba los maridajes en la zona de café y no olvides llevarte tus favoritos a casa.

Kemankeş Caddesi 67 • 0850 308 4545 • € • Tranvía: Karaköy • karakoygulluoglu.com

Perşembe Pazarı

4 Paseando por la costa norte del Cuerno de Oro acércate a Perşembe Pazarı, el distrito industrial, repleto de espacios comerciales otomanos (*hans*) y pequeñas fábricas. El barrio está lleno de restaurantes frecuentados por residentes. Camina por el muelle y detente en uno de los cafés con jardín de Perşembe Pazarı para degustar el té turco en un vaso con forma de tulipán.

Tersane Caddesi y alrededores • Tranvía: Karaköy

Mercado de pescado de Karaköy

5 Situada detrás de la muy concurrida estación marítima, el Mercado de pescado de Karaköy (Karaköy Balık Pazarı) es uno de los más animados de Estambul. Según la temporada, se puede encontrar desde anchoas hasta salmonete o caballa. La gente se concentra entre los quioscos atraída por los restaurantes que ofrecen platos sencillos a base de pescado a la plancha y frito.

Esquina noroeste de Galata Köprüsü • Tranvía: Karaköy

Restaurante panorámico

6 Termina el día en uno de los excelentes restaurantes de mariscos de Karaköy. Tarihi Karaköy Balıkçısı ha sido un lugar de referencia desde su apertura en 1923, cuando era solo un humilde negocio de comida. En las décadas posteriores, el menú sigue siendo sencillo y satisfactorio, con platos como el pescado guisado o la lubina al horno en papel de aluminio. Su ventanal impresionante permite cenar con vistas al Cuerno de Oro.

Tersane Caddesi, Kardeşim Sokak 45 • 0212 243 4080 • €€€ • Tranvía: Karaköy • karakoybalikcisi.com

VISITAS RÁPIDAS

Estambul en un fin de semana con niños

*Entre subidas a las torres bizantinas y paseos en tranvías históricos,
esta ruta encanta a los niños de todas las edades.*

❶ Miniatürk (ver pág. 40) Visita todos los
sitios de Turquía, pero en miniatura. Dirígete a
İmrahor Caddesi y súbete a cualquier autobús
en dirección sur. Bájate en Kırmızı Minare.

❷ Museo Rahmi M. Koç (ver pág. 40) Visita
la colección de coches antiguos. Toma el
autobús (36T o 54HT) hasta la plaza Taksim y
luego camina hacia el norte hasta Cumhuriyet
Caddesi.

❸ Museo Militar (ver pág. 41)
Ve a la actuación de la Mehter
Band en el Museo Militar. Luego
regresa a Cumhuriyet Caddesi y
la plaza Taksim, y continúa hacia
el suroeste hasta la zona
peatonal de Istiklal Caddesi.

**FIN DE SEMANA CON NIÑOS DÍA 1   LONGITUD: 10,5 KM
DURACIÓN: APROXIMADAMENTE 8 HORAS   SALIDA: MINIATÜRK**

❹ Helado de Mado (ver pág. 41)
Dale a los niños un empujón con
una bola de uno o dos sabores.
Camina un par de minutos hacia
el sur hasta Tünel, la antigua
parada del tranvía.

❺ Paseo en tranvía antiguo
(ver pág. 41) Siéntate cerca de la
ventana para que los niños puedan
disfrutar de la vista. Regresa a la
parada inicial de Tünel y camina
cuesta abajo hasta Galip Dede
Caddesi.

VISITAS RÁPIDAS

❻ Torre de Gálata
(ver págs. 41, 110-111)
Disfruta del horizonte
que se extiende entre
dos continentes y juega a
reconocer los lugares antes
de bajar en ascensor o
escaleras.

La miniatura de la Mezquita Azul de Estambul en el parque temático Miniatürk.

Miniatürk

1 El parque temático Miniatürk presenta más de 130 famosos monumentos turcos, reproducidos fielmente a escala 1:25 de forma muy detallada, incluida la **Torre de Gálata** (Galata Kulesi; ver página anterior) donde termina el recorrido.

İmrahor Caddesi 7 • 0212 222 2882 • €€ • Autobús: 36T, 41ST, 47 o 54HT

Museo Rahmi M. Koç

2 En este gran museo interactivo dedicado a la historia del transporte y las comunicaciones se exponen vehículos, juguetes, modelos navales y una amplia colección de coches antiguos. Las atracciones favoritas incluyen el Douglas DC-3 Dakota, un avión flotante al aire libre. La ubicación en los almacenes portuarios de Hasköy, en la costa norte del Cuerno de Oro, resulta especialmente apropiada por la proximidad de la estrella de la zona, el submarino TCG *Uluçalireis (visitas con guía, €).*

Hasköy Caddesi 5 • 0212 369 6600 • Cerrado el lu., 1 de enero y 31 de diciembre • €€€ • Autobuses: 36T, 47, 47E, 47C, 47N, 54HT • rmk-museum.org.tr

Museo Militar

3 Desde espadas decoradas con gemas hasta armaduras, el Museo Militar (Askeri Müze) ofrece un poco de todo. Si tienes tiempo, los niños pueden tener clases de tiro con arco *(miércoles y sábado, a las 14 y 15 h.)* en la Sala del Cañón.

Cumhuriyet Caddesi y Vali Konaği Caddesi • 0212 233 2720 • Cerrado lun. y mar. • € • Metro: Osmanbey • Askerimuze.msb.gov.tr

El helado de Mado

4 En las estaciones calurosas, **İstiklal Caddesi** (ver págs. 134-135) está repleto de vendedores de helados, a menudo vestidos con trajes tradicionales otomanos. Haz cola en la heladería Mado y ofrece a los niños un cono afuera o, mejor aún, una tarrina adentro.

İstiklal Caddesi 168 • 0212 292 9999 • € • Tranvía: Şişhane

Tranvía antiguo

5 Adéntarte en la milla de esta calle comercial utilizando los pequeños tranvías rojos que conectan **Tünel** (ver pág. 133) y Taksim. Continúa con los niños y recorre todo el recorrido hasta Tünel. La **Estambul kart** (ver pág. 177) también es válida para el tranvía antiguo y los niños menores de seis años no pagan.

Cinco paradas: Taksim, Ağa Camii, Galatasaray, Odakule y Tünel • €

Torre de Gálata

6 Probablemente tendrás que hacer cola un rato para subir a la Torre de Gálata (Galata Kulesi) lleugues a la hora que llegues, pero definitivamente vale la pena disfrutar del Cuerno de Oro desde aquí, ya que se tiñe de rojo debido a la puesta de sol. El espectáculo les encanta a todos.

Gálata Kulesi • 0212 249 0344 • €€€ • Tranvía: Tünel, Karaköy • muze.gov.tr

VISTAS RÁPIDAS

Estambul en un fin de semana con niños

*En este recorrido destacan un tren,
un ferry y una casa repleta de juguetes.*

Torre de Gálata
(Galata Kulesi)
TOPHANE

Estambul
Moderna

ATATÜRK
KÖPRÜSÜ
Haliç

Escalera
de Kamondo
(Kamondo
Merdivenleri)

GALATA
KÖPRÜSÜ

Marmaray

2

**Bocadillos de pescado
en Eminönü** **5**

**Museo del Ferrocarril
de Estambul**
(İstanbul Demiryolu Müzesi) **1**

Parque
GÜLHANE

Palacio Topkapı
(Topkapı Sarayı)

TAHTAKALE

SİRKECİ

Cisterna Basílica
(Yerebatan
Sarnıcı)

Iglesia de
Santa Irene
Santa Sofía
(Ayasofya Müzesi)

❶ **Museo del Ferrocarril de Estambul**
(ver págs. 44, 77) Entra a la estación de tren
de Sirkeci para aprender sobre el transporte
ferroviario turco a través de los siglos. Baja las
escaleras mecánicas hasta la estación de
metro Marmaray.

❷ **Marmaray** (ver pág. 44) Haz un viaje en tren
subterráneo hasta Ayrılık Çeşmesi en Asia.
Permanece a bordo hasta la parada Göztepe,
luego camina unos diez minutos hacia el este por
Dr. Zeki Zeren Sokak.

*Marmara Deniz
(Mar de Mármara*

❸ **Museo del Juguete de Estambul**
(ver pág. 45) Viaja por las salas temáticas
que incluyen un submarino, una sala llena
de muñecos y un vagón de tren. Luego toma
un taxi hasta el muelle de Kadıköy.

**FIN DE SEMANA CON NIÑOS DÍA 2 DURACIÓN: 20 KM
DURACIÓN: APROXIMADAMENTE 7 HORAS PARADA DE TRANVÍA DE SALIDA: SIRKECI**

5 **Bocadillos de pescado en Eminönü** (ver págs. 45, 86)
Disfruta de la tradición local comiendo un bocadillo de pescado a la parrilla en la costa. Deja que tus hijos prueben la salmuera.

4 **Ferry de Kadıköy**
(ver pág. 45) **Toma fotografías de tus hijos con el horizonte del casco viejo. Bájate en el muelle de Eminönü.**

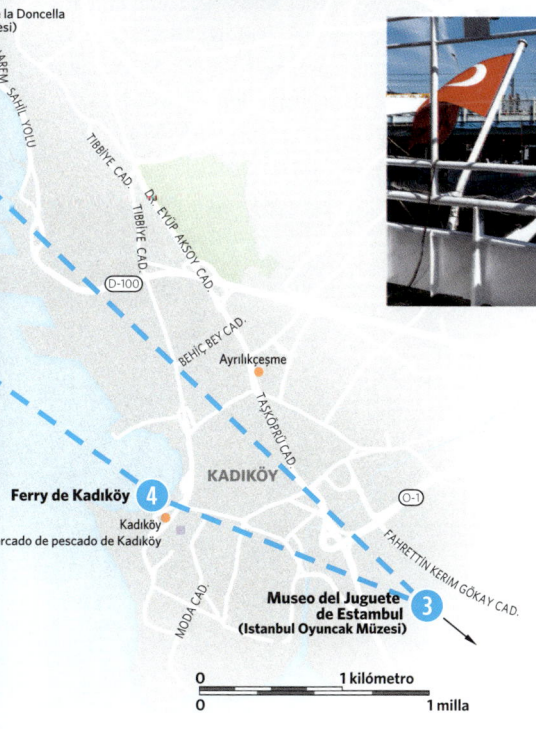

e la Doncella
lesi)

HAREM SAHIL YOLU

TIBBIYE CAD.

DR. EYÜP AKSOY CAD.

TIBBIYE CAD.

D-100

BEHİÇ BEY CAD.

Ayrılıkçeşme

TAŞKÖPRÜ CAD.

KADIKÖY

O-1

Ferry de Kadıköy **4**

Kadıköy

ercado de pescado de Kadıköy

FAHRETTİN KERİM GÖKAY CAD.

MODA CAD.

Museo del Juguete de Estambul **3**
(Istanbul Oyuncak Müzesi)

0   1 kilómetro

0   1 milla

Museo del Ferrocarril de Estambul

1 El pequeño Museo del Ferrocarril de Estambul (İstanbul Demiryolu Müzesi) ocupa solo una sala pero, repleto de más de 300 objetos de interés ferroviarios, satisface hasta al más curioso de los pequeños entusiastas de los trenes. En el centro hay una cabina a tamaño real llena de palancas y botones.

Ankara Caddesi • 0212 527 1201 • Cerrado dom. y lun. • Tranvía: Sirkeci • tcdd.gov.tr

Marmaray

2 Sorprende a los niños con la idea de que solo bastan unos minutos para ser transportado de un continente a otro en uno de los túneles submarinos más profundos del mundo. La línea ferroviaria Mármaray se acerca bajo el Bósforo trasladando a los pasajeros desde las vistas históricas de Sultanahmet en Europa al paseo marítimo de Asia.

Sirkeci Tren Garı • Ankara Caddesi • € • Tranvía: Sirkeci; Marmaray: Sirkeci

Soldados de guardia en el Museo del Juguete de Estambul.

Museo del Juguete de Estambul

3 Ubicado en una casa de madera de la época otomana (*yalı*), el Museo del Juguete de Estambul (İstanbul Oyuncak Müzesi) alberga miles de juguetes de todo el mundo fabricados desde el siglo XIX hasta la actualidad. Los escaparates están repletos de tesoros, desde ejemplares de peluches hasta los ambientes espaciales del segundo piso. El museo cuenta con un taller donde los niños pueden practicar actividades componiendo mosaicos y construyendo títeres.

Ömer Paşa Caddesi, Dr. Zeki Zeren Sokak 15 ▪ 0216 359 4550 ▪ Cerrado lu. ▪ €€ ▪ Autobús: 10B, 10S 14Ç, 17, 17L, 19F, 19M, 19S ▪ estambuloyuncakmuzesi.com

Ferry de Kadıköy

4 Para tener una idea de la ciudad, nada es tan eficaz como navegar por el Bósforo en un ferry. La terraza al aire libre permite a las familias disfrutar del sol y de las vistas de los monumentos de la ciudad, como la **Mezquita Azul** (Sultan Ahmet Camii; ver págs. 54-55). Prueba el zumo de naranja que te sirven los camareros a bordo.

TurYol Ferries ▪ Kadıköy İskelesi ▪ € ▪ turyol.com

Bocadillo de pescado en Eminönü

5 Anótate en los barcos de madera de estilo otomano amarrados en la orilla del Cuerno de Oro en Eminönü. Estos barcos sirven bocadillos de pescado aromático (*balık ekmek*) y siempre están abiertos. Los niños quedarán intrigados por los intentos de los chefs de freír y rellenar los bocadillos mientras los barcos se mueven a merced de las olas. Intenta también tentar a los más pequeños con los pepinillos de colores (*turşu*) como guarnición que se puede comprar en el quiosco de al lado.

Ragıp Gümüşpala Caddesi ▪ € ▪ Tranvía: Eminönü

PARTE 2

Los barrios de Estambul

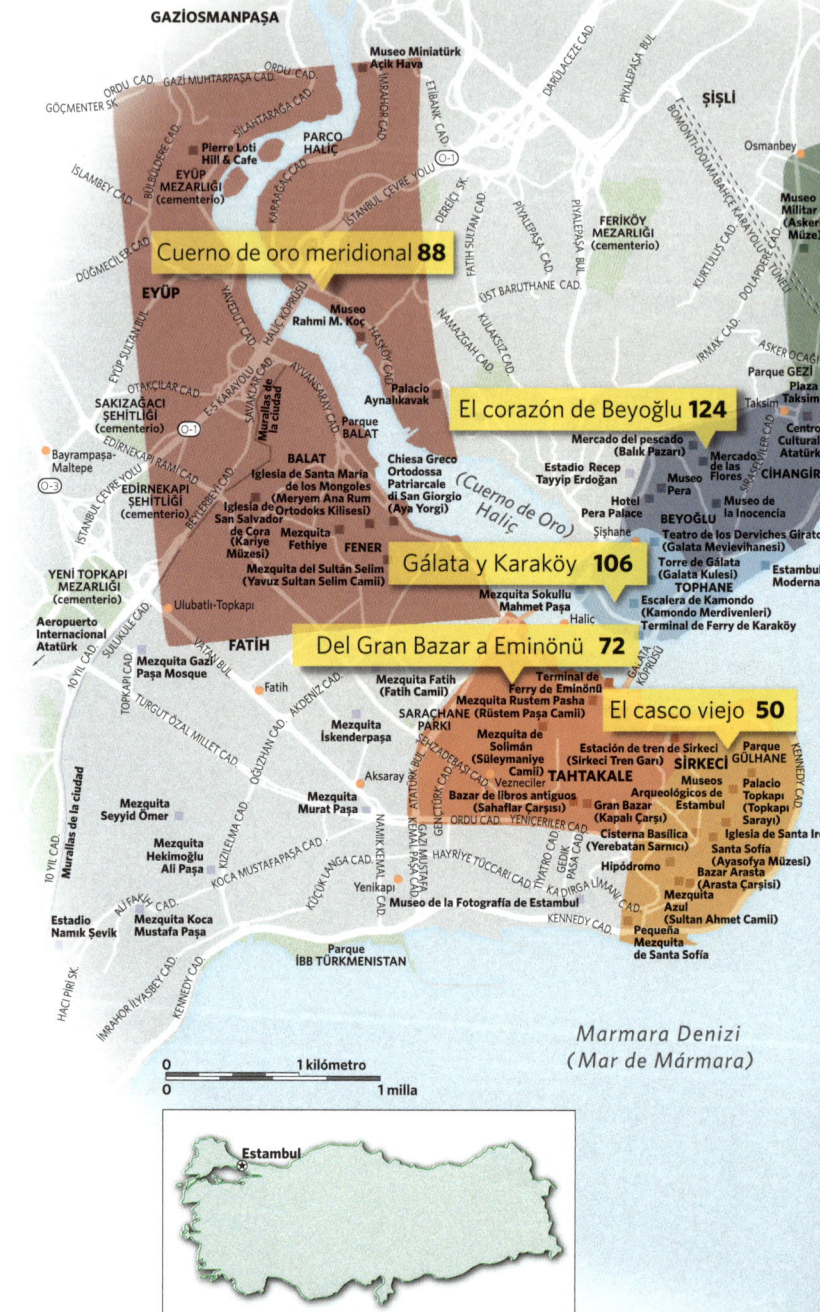

GAZİOSMANPAŞA

GÖÇMENTER SK.

ORDU CAD.   GAZİ MUHTARPAŞA CAD.   ORDU CAD.

İSLAMBEY CAD.

DÜĞMECILER CAD.

Museo Miniatürk
Açık Hava

Pierre Loti
Hill & Cafe

EYÜP
MEZARLIĞI
(cementerio)

PARCO
HALIÇ

ŞİŞLİ

Osmanbey

FERİKÖY
MEZARLIĞI
(cementerio)

Museo
Militar
(Askeri
Müze)

Cuerno de oro meridional 88

EYÜP

SAKIZAĞACI
ŞEHİTLİĞİ
(cementerio)

Bayrampaşa-
Maltepe

EDİRNEKAPI
ŞEHİTLİĞİ
(cementerio)

YENİ TOPKAPI
MEZARLIĞI
(cementerio)

Aeropuerto
Internacional
Atatürk

Museo
Rahmi M. Koç

Palacio
Aynalıkavak

Parque
BALAT

BALAT
Iglesia de Santa María
de los Mongoles
(Meryem Ana Rum
Ortodoks Kilisesi)
Iglesia de
San Salvador
de Cora
(Kariye
Müzesi)   Mezquita
Fethiye
FENER

Mezquita del Sultán Selim
(Yavuz Sultan Selim Camii)

Chiesa Greco
Ortodossa
Patriarcale
di San Giorgio
(Aya Yorgi)

Parque GEZİ
Plaza
Taksim

Centro
Cultural
Atatürk

Mercado del pescado
(Balık Pazarı)

Estadio Recep
Tayyip Erdoğan

Hotel
Pera Palace

Şişhane

Mercado
de las
Flores

Museo
Pera

CİHANGİR

Museo de
la Inocencia

BEYOĞLU

Teatro de los Derviches Giratori
(Galata Mevlevihanesi)

El corazón de Beyoğlu 124

Taksim

(Cuerno de Oro)
Haliç

Gálata y Karaköy 106

Torre de Gálata
(Galata Kulesi)

TOPHANE

Estambul
Moderna

Escalera de Kamondo
(Kamondo Merdivenleri)

Terminal de Ferry de Karaköy

Mezquita Sokullu
Mahmet Paşa

Halic

FATİH

Mezquita Gazı
Paşa Mosque

Fatih

Del Gran Bazar a Eminönü 72

Terminal de
Ferry de Eminönü

Mezquita Fatih
(Fatih Camii)

Mezquita Rustem Pasha
(Rüstem Paşa Camii)

SARACHANE
PARKI

Mezquita de
Solimán
(Süleymaniye
Camii)

Veznecıler

Bazar de libros antiguos
(Sahaflar Çarşısı)

Mezquita
İskenderpaşa

Aksaray

Mezquita
Murat Paşa

TAHTAKALE

Estación de tren de Sirkeci
(Sirkeci Tren Garı)

SİRKECİ

Museos
Arqueológicos de
Estambul

Gran Bazar
(Kapalı Çarşı)

Cisterna Basílica
(Yerebatan Sarnıcı)

Hipódromo

Parque
GÜLHANE

Palacio
Topkapı
(Topkapı
Sarayı)

Iglesia de Santa Iren

Santa Sofía
(Ayasofya Müzesi)

Bazar Arasta
(Arasta Çarşısı)

Mezquita
Azul
(Sultan Ahmet Camii)

El casco viejo 50

Mezquita
Seyyid Ömer

Mezquita
Hekimoğlu
Ali Paşa

Estadio
Namık Şevik

Mezquita Koca
Mustafa Paşa

Yenikapı

Museo de la Fotografía de Estambul

Parque
İBB TÜRKMENİSTAN

Murallas de la ciudad

Muralla de la ciudad

Pequeña
Mezquita
de Santa Sofía

Marmara Denizi
(Mar de Mármara)

0   1 kilómetro

0   1 milla

Estambul

Şişli

MEHMETÇIK CAD.

19 MAYIS CAD.

SAKIZ AĞACI SK.

HACKI AHMET SK.

BARBAROS BUL.

O-1

Palazzo Yıldız
(Yıldız Sarayı)

Universidad
de Mármara
NİŞANTAŞI

TEŞVİKİYE CAD.

arque
1AÇKA

Parque
1AÇKA

Ortaköy

ÇIRAĞAN CAD.

BOĞAZI KÖPRÜSÜ

Yalıboyu CAD.

Plaza
Beşiktaş

BEŞİKTAŞ

SÜLEYMAN
SEBA CAD.

BAHÇIM CAD.

KADIRGALAR CAD.

DOLMABAHÇE CAD.

PAŞALIMANI CAD.

Museo Marítimo
(İstanbul Deniz Müzesi)

Palacio Dolmabahçe
(Dolmabahçe Sarayı)

Mezquita
Dolmabahçe

Palacio Beylerbeyi
(Beylerbeyi Sarayı)

İstanbul Boğazı (Bósforo)

Barrio
KUZGUNCUK

CUMHURIYET CAD.

O-1

Mezquita
Mihrimah Sultan

KISIKLI CAD.

NUHKUYUSU CAD.

TOPHANELIOĞLU CAD.

Torre de la Doncella
(Kız Kulesi)

HALK CAD.

DR. FAHRI ATABEY CAD.

ÇAVUSDERE CAD.

HAREM SAHIL YOLU

TUNUSBAĞI CAD.

TIBBITE CAD.

Mezquita
Atik Valide

ÜSKÜDAR

MÜTEVELLI ÇEŞME CAD.

Mezquita
Şakirin

DR. EYÜP AKSOY CAD.

TIBBITE CAD.

**KARACAAHMET
MEZARLIĞI**
(cementerio)

ALI DEDE CAD.

ACIBADEM CAD.

D-100

Acıbadem

D-100

UZUNÇAYIR CAD.

BESHIC BEY CAD.

Ayrılıkçeşme

FATIH SK.

TAŞKÖPRÜ CAD.

HIZIRBEY CAD.

O-1

KADIKÖY

FAHRETTIN KERIM GÖKAY CAD.

Terminal
de Ferry de Kadıköy

Kadıköy

Mercado de pescado
de Kadıköy

MODA CAD.

BAĞDAT CAD.

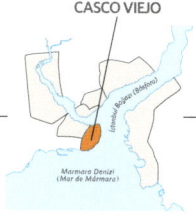

CASCO VIEJO

El casco viejo

Párate en la plaza Sultanahmet y echa un vistazo a tu alrededor. Durante siglos, tres imperios, primero el romano, luego el bizantino y luego el otomano, gobernaron el mundo conocido desde este mismo punto. Emperadores, sultanes y califas rezaron en Santa Sofía y la Mezquita Azul, y disfrutaron de una vida de deleite en sus suntuosos palacios. El bienestar y la riqueza todavía se evidencian hoy en día en los mosaicos dorados, las joyas relucientes y las paredes completamente revestidas con azulejos de İznik.

Algunos rincones de este pequeño barrio están tan escondidos que han sido ignorados durante siglos, como el sótano de la Cisterna Basílica, redescubierto en el siglo XVI, o los coloridos mosaicos del Gran Palacio, surgidos durante una campaña de excavación en la década de 1930. Admirar toda la belleza de Sultanahmet en un solo día puede sobrecargar tus sentidos, así que descansa a la sombra del Parque Gülhane o busca un rincón tranquilo en los Museos Arqueológicos de Estambul para disfrutar de un momento de contemplación.

◄ **Vista de los magníficos interiores y la bóveda de Santa Sofía desde la galería superior.**

El casco viejo

Los sitios históricos más importantes de Estambul se concentran en el barrio más antiguo de la ciudad.

6 Museos Arqueológicos de Estambul (ver las págs. 58 y 59)
Admira la diversa colección de artefactos de todos los rincones del vasto Imperio Otomano. Sal del parque y camina hacia el sur por Soğukçeşme Sokak.

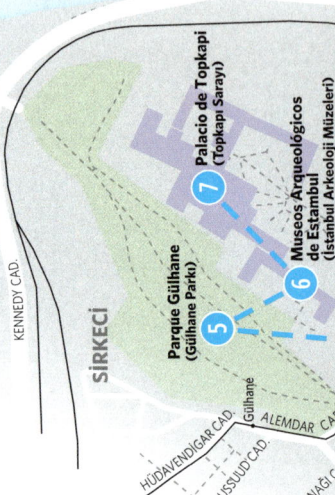

*Haliç
(Cuerno de Oro)*

5 Parque Gülhane
(ver págs. 57–58) Da un relajante paseo por los senderos bajo el Palacio de Topkapi. Volviendo hacia la entrada, en lugar de salir, toma el camino cuesta arriba hacia los museos.

4 Santa Sofía
(ver págs. 60–61) Detente para apreciar la ingeniosa estructura de esta iglesia bizantina, tan avanzada para su época. Continúa hacia el norte por Alemdar caddesi.

SIRKECI

KENNEDY CAD.

**Parque Gülhane
(Gülhane Parki)**
5

**Museos Arqueológicos
de Estambul
(İstanbul Arkeoloji Müzeleri)**
6

**Palacio de Topkapi
(Topkapi Sarayı)**
7

HÜDAVENDİGAR CAD.

EBUSSUUD CAD.

Gülhane

ALEMDAR CAD.

HÜKÜMET KONAĞI CAD.

7 Palacio de Topkapi
(ver págs. 62–65) Pasa por la puerta imperial para admirar el esplendor en el que vivieron los sultanes otomanos durante al menos cuatro siglos.

❸ Cisterna Basílica
(ver págs. 56-57) Observa los diferentes estilos de columnas de este tanque subterráneo del siglo VI. Al salir, dirígete hacia el este.

❷ Bazar Arasta (ver pág. 55)
Compra cerámica turca y toallas de hammam. Camina hacia el noreste por Kabasakal Caddesi y luego por Yerebatan Caddesi.

Marmara Denizi
(Mar de Mármara)

KENNEDY CAD.

Santa Sofía
❹ (Ayasofya Müzesi)

Cisterna Basílica
❸ (Yerebatan Sarnıcı)
Sultanahmet

YEREBATAN CAD.

BAB-I ALI CAD.

DIVAN YOLU CAD.

ALEMDAR CAD.

SULTANAHMET

Bazar Arasta
❶ ❷ (Arasta Çarşısı)

Mezquita Azul
(Sultan Ahmet Camii)

KUTLUGÜN SK.

AKBIYIK CAD.

AMIRAL TAFDİL SK.

ÇANKURTARAN CAD.

TORUN SK.

AKBIYIK DEĞİRMENİ SK.

OYUNCU SK.

KOÇAĞASOFYA CAD.

PEYKHANE CAD. ÜÇLER SK.

KALECİ SK.

KENNEDY CAD.

❶ Mezquita Azul
(ver págs. 54-55)
Admira esta obra maestra dedicada al sultán Ahmet I, el gobernante de quien toma su nombre el barrio. Sal por el parque Sultanahmet.

EL CASCO VIEJO LONGITUD: 3,2 KM
DURACIÓN: APROXIMADAMENTE 8 HORAS PARADA DE TRANVÍA DE SALIDA: SULTANAHMET

Mezquita Azul

1 La Mezquita Azul (Sultan Ahmet Camii) se encuentra entre los edificios más fácilmente reconocibles de la Ciudad Vieja. Sus colosales proporciones combinan estilos arquitectónicos bizantino e islámico, fusionados en una estructura perfectamente simétrica capaz de albergar a 10 000 personas. Observa cómo las cúpulas se inclinan hacia el suelo, flanqueadas por tres minaretes a cada lado. Se dice que precisamente el número de **minaretes** surgió de un malentendido. Cuando el sultán Ahmet I encargó la construcción en 1606 pidió este templo para construirlos en oro (en turco *altin*), no para construir seis (en turco *alto*). En cualquier caso, la mezquita tiene más torres de oración que cualquier otra mezquita de la ciudad y ocupa el segundo lugar después de La Meca. Una vez dentro, la mirada se dirige hacia las **galerías** superiores rodeadas por 20 000 azulejos de İznik (ver pág. 79) de cuyo color la Mezquita del Sultán Ahmet toma su nombre no oficial. Las galerías están dominadas por una gran **cúpula** y por la sucesión de

EL CASCO VIEJO

Los rayos de luz penetran en la Mezquita Azul a través de 260 ventanas.

semicúpulas que se aprecian en el exterior. Todo está sostenido por cuatro columnas. Cada cúpula está pintada a mano con elaborados frescos geométricos y versos del Corán. Justo enfrente de la entrada principal se puede ver el **púlpito** en mármol blanco (*minbar*), visible desde todos los puntos de la mezquita. El imán pronuncia su sermón del viernes desde aquí. Si nadie está orando, acércate al púlpito para observar la fina decoración tallada. Detrás del púlpito se puede ver el *mihrab*, el nicho que indica la dirección a La Meca.

Sultanahmet Meydani • Cerrado el vi. por la mañana y durante las oraciones • € (donación) • Tranvía: Sultanahmet

Bazar Arasta

2 El Bazar Arasta (Arasta Çarşısı) es una versión más pequeña del **Gran Bazar** (Kapalı Çarşı; ver págs. 80-83) y ofrece un refrescante descanso entre la **Mezquita Azul** y la **Cisterna Basílica** (Yerebatan Sarnıcı; ver págs. 56 y 57). Puede que te ofrezcan un té (*çay*) al detenerte frente al escaparate, pero no es un intento de venderte algo. Por otro lado, si quieres comprar encontrarás de todo: desde alfombras hasta collares y cerámicas pintadas a mano de Kütahya (marca conocida desde la época otomana). El emporio de las alfombras **Galería Mehmet Çetinkaya** (*Tavukhane Sokak 7, 0212 458 6186, cetinkayagallery.com*) es muy popular entre los residentes. El alquiler de los puestos ayuda a financiar la restauración de la Mezquita Azul. Al cruzarlos, observa los pilares y columnas. El mercado fue construido sobre el palacio del emperador bizantino Justiniano. Hoy puedes hacerte una idea de lo grande que era la zona visitando el **Museo del Mosaico del Gran Palacio** (Büyük Saray Mozaikleri Müzesi; ver pág. 71), situado justo detrás del bazar.

Arasta Çarşısı • Cerrado el do. • Tranvía: Sultanahmet

Uno de los bloques tallados con el rostro de Medusa y utilizados como pedestales para las columnas del aljibe.

Cisterna Basílica

3 Toma la precaria escalera de madera que desciende a la Cisterna Basílica (Yerebatan Sarnıcı) y deléitate con una de las vistas más impresionantes de Estambul. Una reserva de agua subterránea de casi 10 000 m² sostenida por 336 columnas de piedra. Hasta los años 80, los visitantes flotaban en la oscuridad en un barco, como James Bond (Sean Connery) en la escena de la película *Desde Rusia con amor*, filmada aquí. Después de una restauración que duró cuatro años, la Cisterna Basílica fue reabierta recientemente con un nuevo itinerario de visita y un evocador sistema de iluminación, que realza aún más la magnificencia de este palacio sumergido. Observa los refinados detalles de las columnas. Muchos de estos pilares de 9 m de altura que apuntan a la bóveda son antiguas ruinas romanas. Busca el **Pilar del Ojo de Gallina**. Se cree que las hendiduras en forma de lágrima representan el esfuerzo de los 7.000 esclavos con cuya sangre y sudor se construyó la cisterna en el siglo VI. Mira hacia arriba y observa cómo la mayoría de las columnas están rematadas por volutas de capiteles jónicos y rizos de capiteles corintios. En el extremo occidental del tanque, la pasarela conduce a las dos cabezas esculpidas de Medusa. Había tal abundancia de esculturas bizantinas en la superficie que nada impidió a quienes excavaban utilizar estas magníficas esculturas como pedestales.

Yerebatan Caddesi 1-3 ▪ 0212 512 1570 ▪ €€€ ▪ Tranvía: Sultanahmet ▪ yerebatan.com

Santa Sofía

(4) Ver págs. 60-61.

Ayasofya Meydanı ▪ 0212 522 1750 ▪ Cerrado el vi. ▪ Tranvía: Sultanahmet ▪ ayasofyacamii.gov.tr

Parque Gülhane

(5) Originalmente, el Parque Gülhane (Gülhane Parkı) pertenecía a los jardines del **Palacio de Topkapi** (Topkapı Sarayı; ver págs. 62-65). Los sultanes otomanos lo hicieron para las muchachas del harén y los dignatarios de la corte. Hoy todos podemos caminar en la extensión de flores y árboles de sombra. El camino del centro atraviesa el bosque de plátanos mediterráneos hasta las **Columnas de los Godos**. La inscripción en latín en la base de estos pilares de 18,6 m conmemora la victoria romana sobre los godos que amenazaban la ciudad. Abraza la columna y podrás decir que estás tocando la ruina romana más antigua de toda la ciudad. Luego sigue cualquiera de los varios senderos cuesta arriba hacia el perímetro noreste del parque.

Dependiendo del momento de tu visita, el camino estará enmarcado por flores, jacintos y tulipanes en primavera y rosas

DÓNDE **COMER**

■ **ALBURA KATHISMA** Ha sido un restaurante clásico de Sultanahmet durante muchos años. Sirve kebabs de la región de Bursa y pan turco (*pide*) del Mar Negro. **Akbıyık Caddesi 36-38, 0212 517 9031, €€€, alburakathisma.com**

■ **BALIKÇI SABAHATTIN** Este popular restaurante de mariscos está ubicado en un edificio tradicional con una terraza a la sombra y es famoso por la calidad excepcional de sus platos de mariscos. **Şehit Hasan Kuyu Sokak 1, 0212 458 1824, €€€, balikcisabahattin.com**

■ **TARIHI SULTANAHMET KÖFTECISI** Conocido restaurante de carta sencilla: albóndigas (*köfte*), ensalada de judías y postre de sémola. **Divan Yolu Caddesi 12, 0212 520 0566, €, sultanahmetkoftesi.com**

EL CASCO VIEJO

fragantes durante todo el verano. Los sultanes pasaban el día sobre estos cojines de flores y *gülhane* en realidad significa «casa de rosas». Si quieres tomar un descanso refrescante, pásate por el **Café Gülhane Kandil**, rodeado de vegetación al pie del cerro que alberga el parque.

Alemdar Caddesi • Tranvía: Gülhane

Museos Arqueológicos de Estambul

6 Los Museos Arqueológicos de Estambul (İstanbul Arkeoloji Müzeleri) en realidad combinan tres sitios en uno. A los efectos de este itinerario, nos centramos únicamente en el **Museo de Arqueología** (Arkeoloji Müzesi), pero, si dispones de tiempo suficiente, vale la pena visitar los tres complejos. Ubicado en el borde este de la estructura, entrando por la entrada principal, el Museo de Arqueología alberga piezas que representan los principales periodos de la historia turca y sus alrededores.

El primer piso presenta las antiguas ciudades del Egeo: Éfeso, Mileto y Afrodisia. En detalle, las galerías albergan estatuas de los respectivos sitios. La colección también incluye varios sarcófagos antiguos, incluido el muy elaborado **Sarcófago de Sidamara** y, en la Galería 8, el notable **Sarcófago de Alejandro**. Esta obra maestra, que alguna vez se creyó que perteneció al líder macedonio Alejandro Magno, está finamente decorada con escenas de batallas entre persas y griegos en un lado y escenas de caza a caballo en el otro. La planta baja alberga el **Museo de los Niños**, cuya pieza central es un modelo a escala real del Caballo de Troya. En el segundo piso del complejo, los hallazgos del

TURISTAS **INFORMADOS**

Con una colección que suma más de un millón de objetos en total, el complejo de los **Museos Arqueológicos de Estambul** es uno de los sitios más grandes dedicados al tema. Es posible que no tengas tiempo para los tres sitios, por lo que te recomendamos limitarte a uno solo y posiblemente regresar al día siguiente para visitar los demás. Si la arqueología no es lo tuyo, opta por el **Museo de Antigüedades Orientales** (Eski Şark Eserleri Müzesi; ver pág. 32) o el **Pabellón de Mayólica** (Çinili Köşk Müzesi; ver pág. 105).

El Sarcófago de Sidamara completamente cubierto de frisos.

Líbano, Palestina y Chipre demuestran cómo los tentáculos del Imperio Romano se extendieron por el mundo entonces conocido. Aquí también se puede admirar la cabeza de bronce de la **Columna de la Serpiente** (ver pág. 21), complemento de la escultura que se ve en el Hipódromo. En la Galería 1, en el tercer piso, merece la pena admirar el complejo funerario de una familia de comerciantes de la ciudad siria de Palmira. Sube también al cuarto piso para ver de cerca la inscripción de Siloé del siglo VIII a. C., encontrada en Jerusalén, es uno de los textos judíos más antiguos que se conocen.

Osman Hamdi Bey Yokuşu Sokak • 0212 520 7740 • €€ • Tranvía: Gülhane • muze.gov.tr

Palacio de Topkapi

7 Ver págs. 62-65.

Bab-ı Hümayun Caddesi • 0212 512 0480 • Cerrado el ma. • €€€€ (el harén con suplemento €€) • Tranvía: Gülhane • milisaraylar.gov.tr

Santa Sofía

*Esta joya de la arquitectura bizantina fue
la catedral más grande del mundo desde hace 1000 años.*

A pesar de la ausencia de la mitad inferior, el mosaico de Deësis es uno de los más bellos de Santa Sofía.

Al acercarte a Santa Sofía (Ayasofya Camii) desde Sultanahmet Meydanı, detente para observar el singular perfil del edificio, erigido por el emperador Justiniano en el año 537 d. C. como iglesia cristiana. Después de la conquista de Constantinopla en 1453 (ver págs. 66-69), el sultán Mehmed II la convirtió en mezquita añadiendo cuatro minaretes. En 1935, a instancias del primer presidente turco, Mustafa Kemal Atatürk, el edificio fue restaurado y reabierto al público como museo. A partir de 2020 se ha convertido en mezquita.

■ **IMPRESIONANTE INTERIOR**

Comienza tu visita entrando al *narthex* (atrio) de Santa Sofía. Nada más llegar al vestíbulo, mira hacia el techo con el mosaico del emperador León VI arrodillado ante el Cristo Pantocrator («omnipotente») con la Virgen y el arcángel Gabriel a su lado. Al entrar al gran espacio central, prepárate para quedar impresionado.

Aproximadamente a 56 m por encima de tu cabeza, la cúpula dorada descansa sobre 40 ventanas en arco: disfruta de este espectáculo de luces.

■ **LA INFLUENCIA DEL ISLAM**

Existen numerosos vestigios de los casi 500 años de pasado islámico, anteriores al periodo (recientemente concluido) como recinto museístico. Camina hacia el púlpito de mármol dentro de la nave norte y observa los enormes candelabros colgantes, similares a los que se encuentran en las mezquitas de la ciudad. Observa la forma de U de la **galería superior**, donde ocho enormes medallones verdes (*levhas*) graban los nombres de Alá, el profeta Mahoma, los cuatro primeros califas y los dos primeros nietos de Mehmed II respectivamente.

TURISTAS **INFORMADOS**

Por decreto presidencial del 10 de julio de 2020, después de 86 años, Santa Sofía fue reabierta al culto musulmán y, por tanto, puede visitarse respetando las normas de una mezquita. La entrada, que es gratuita, está prohibida a los turistas durante las oraciones del viernes y algunas zonas, específicamente dedicadas a prácticas religiosas, están actualmente prohibidas.

■ **EL ITINERARIO DEL MOSAICO**

Sube las escaleras hasta donde una piedra verde circular marca el lugar donde reposaba el trono de la emperatriz bizantina. Desde aquí tendrás la mejor vista del espacio de abajo.

Camina hacia la galería sur, donde algunos mosaicos preotomanos brillan bajo la suave luz. El primero es el **Mosaico incompleto de Deësis** que muestra a la Virgen y a Juan Bautista pidiendo a la humanidad el perdón de Cristo. El **Mosaico de la emperatriz Zoe** muestra a Cristo Pantocrátor flanqueado por el emperador bizantino, Constantino IX, y su bella esposa. El **Mosaico de Comneno** representa a la Virgen y el Niño flanqueados por el emperador Juan II y la emperatriz Irene.

EL CASCO VIEJO

Ayasofya Meydanı ▪ 0212 522 1750 ▪ Cerrado el vi. ▪ Tranvía: Sultanahmet ▪ ayasofyacamii.gov.tr

Palacio de Topkapi

Los suntuosos entornos residenciales y los tesoros repletos de gemas son testigos de la deslumbrante riqueza de la dinastía otomana.

La Sala de la Fuente de las Abluciones es uno de los espacios decorados con complejos motivos de İznik.

El sultán Mehmed II comenzó a construir el Palacio de Topkapi (Topkapı Sarayı) en 1459. Después de comprar tu entrada, para apreciar el tamaño de esta residencia real, echa un vistazo a los dos modelos a escala ubicados justo más allá de la Puerta de la Salud. El primero ilustra la posición del palacio y sus tierras en Punta Serraglio, el segundo detalla la sucesión de las cortes. En tu recorrido descubrirás tesoros procedentes desde Marruecos a Irak y desde Crimea a Serbia. Todo procedía de los cuatro rincones del Imperio Otomano.

■ Entrada Real

Al pasar la imponente **Puerta Imperial** al este de Santa Sofía, mira el letrero dorado. El nombre del sultán aparece en árabe en la línea superior del interior del **primer patio**. Observa lo gruesos y altos que son los muros de este perímetro, que se construyó para proteger a la familia real de los intrusos.

Disfruta de tu primera muestra del esplendor imperial mientras caminas por el jardín privado del sultán hacia la taquilla. A tu derecha hay una amplia vista del Bósforo. A la izquierda está la **Casa de la Moneda Imperial** (*cerrada al público*) donde antiguamente se contaban las numerosas toneladas de oro otomano. Frente a las refinadas puertas de hierro de la **Puerta de la Salud** que estás a punto de pasar, los súbditos que visitaban la corte tenían que acomodarse. Hoy en día todos los visitantes deben pasar un control de seguridad antes de entrar al **segundo patio**.

■ Vista privada

La vista que estás a punto de admirar estuvo una vez reservada solo para visitantes extranjeros, personalidades otomanas y la guardia armada de jenízaros del sultán. Las cocinas del palacio están a tu derecha, observa las grandes chimeneas que se elevan desde el techo. El harén está situado a la

TURISTAS **INFORMADOS**

La entrada al **harén** requiere un suplemento (€€). Compra tu entrada nada más llegar – la taquilla está frente a la entrada del harén – y visita el resto del palacio mientras esperas tu turno para entrar. Atención al horario de cierre (*18:00 h.*). Como alternativa, compra el **Museum Pass** (ver págs. 177-178) con anticipación, incluye todas las entradas al Palacio Topkapi, incluido el harén.

izquierda. Pavos reales, tortugas y animales exóticos vivieron alguna vez libres dentro de este oasis amurallado.

■ Las cocinas del sultán

Entra a las cocinas del palacio que alguna vez estuvieron ocupadas sirviendo a los 5.000 miembros del personal. Si te preguntas por qué hay tantas porcelanas chinas y japonesas en la antecámara, es porque los otomanos creían que los tintes utilizados en la producción neutralizaban los venenos. Por supuesto, esto no es cierto, pero tales rumores alimentaron el tráfico de porcelana a lo largo de la Ruta de la Seda desde Beijing.

■ Dentro del harén

En el lado opuesto del patio, si aún no lo has conseguido, compra la entrada para visitar el harén. Harem significa «prohibido», y cualquier hombre que

EL CASCO VIEJO

La lujosa puerta de entrada al segundo patio es la entrada al harén del Palacio Topkapi.

fuera sorprendido caminando por la entrada de azulejos de İznik para echar un vistazo a las concubinas del sultán pagaría con su vida. Sigue el **Camino Dorado**, un camino de baldosas que conecta las habitaciones clave con el **suntuoso apartamento de la Reina Madre**, donde podrás admirar su sofá y sus complejos baños privados.

■ TERCER PATIO

Atraviesa la **Puerta de la Felicidad** dentro del **tercer patio**, dominio

privado del sultán. No olvides que el sultán se encontraba entre las personas más ricas del mundo, así que prepárate para un esplendor extraordinario. Pasa por la **Sala de peticiones** donde el sultán recibía audiencias. Los funcionarios del gobierno discutían asuntos estatales mientras el sultán se sentaba en su trono revestido de esmeralda. El patio sirvió también como zona de ocio, complementado por la **Biblioteca Enderûn** y el pórtico del **Quiosco del Conquistador**.

■ JOYAS, GEMAS Y RELIQUIAS

Tres grandes salas decoradas con vitrinas albergan el **Tesoro Imperial** del **tercer patio**. Una sección se encuentra dentro del antiguo hammam del sultán. Observa el techo de cristal en la primera habitación de la derecha. Mientras recorres las vitrinas, admira los broches con rubíes que llevaban los sultanes en sus turbantes. Luego únete a la multitud para admirar la pieza más preciosa de la colección, el **Diamante del Cucharero**. Con sus 86 quilates se encuentra entre los más grandes del mundo. Antes de salir, fíjate también en la **Daga de Topkapi**.
Frente al tesoro imperial se encuentra el **Gabinete de Reliquias**. La primera cámara de la izquierda contiene un mechón de la barba del profeta

Mahoma y uno de sus dientes. Al ser un lugar de peregrinación para muchos se recomienda respeto. Sigue el camino interno hasta las antiguas llaves de una *kasbah* en La Meca y una de las magníficas espadas de Mehmed II.

■ CUARTO PATIO

Gira a la izquierda y baja las escaleras hasta el **cuarto patio**. El intrincado quiosco y la caseta de vigilancia te muestran que estás ante una de las zonas más privadas del Palacio Real. Camina a lo largo de los altos muros hasta la vista desde la cual el sultán contemplaba Asia, y visita cada uno de los quioscos altamente decorados. El **Pabellón de Bagdad**, con sus sofás bajos, su chimenea al aire libre y su cúpula rojo sangre, era uno de los espacios favoritos del sultán para relajarse. Visita el **Salón de las Circuncisiones** para admirar uno de los azulejos más complejos del palacio.

Bab-ı Hümayun Caddesi • 0212 512 0480 • Cerrado el ma. • €€€€ (el harén con suplemento €€)
• Tranvía: Gülhane • milisaraylar.gov.tr

La vista desde la terraza de mármol del Pabellón de Bagdad.

Estambul otomana

Hacia finales del siglo XIII, un grupo de nómadas turcos musulmanes liderados por Osman fundaron un estado que se convertiría en el Imperio Otomano, con Estambul como capital. Los sultanes otomanos, que gobernaron vastos dominios en Europa, África y Asia durante al menos 500 años, enriquecieron la ciudad con magníficas mezquitas y palacios que siguen siendo lugares espectaculares en la actualidad.

Retrato del sultán Mehmed II el Conquistador.
Página opuesta: representación de los cortesanos del sultán Selim III en el Palacio Topkapi.

La conquista de Constantinopla

Guerreros agresivos, los otomanos se extendieron desde Asia a Europa en el siglo XIV y conquistaron los Balcanes. Solo la Constantinopla cristiana los detuvo con sus robustas **murallas** (ver págs. 96-97). En 1451, el joven sultán Mehmed II construyó la **Fortaleza de Rumeli** (ver pág. 156) para dominar el Bósforo e impedir que llegaran suministros y refuerzos a los cristianos por mar. Después de un asedio de dos meses, los turcos tomaron Constantinopla el 29 de mayo de 1453.

La reconstrucción

Mehmed II se vio reinando en una ciudad despoblada y arruinada. Por tanto, tomó medidas para transformarla en la capital digna de su imperio. No solo animó a venir a la ciudad a turcos, sino también a griegos, armenios y judíos. Fundó el **Gran Bazar** (Kapalı Çarşı; ver págs. 80-83) para reactivar el comercio y alentó a los comerciantes italianos a establecerse en **Gálata** (ver págs. 110-114).

EL CASCO VIEJO

Fortalecido por las riquezas generadas por el control del comercio, Mehmed construyó el **Palacio Topkapi** (Topkapı Sarayı; ver págs. 62-65) para convertirlo en residencia imperial y sede del gobierno.

Mezquitas de Estambul

El Imperio Otomano alcanzó su apogeo en el siglo XVI, bajo el sultán Selim I (que reinó de 1512 a 1520) y su sucesor Solimán el Magnífico (que reinó de 1520 a 1566). Los ejércitos otomanos conquistaron Egipto e Irak y avanzaron hacia Europa. Los sultanes otomanos fueron reconocidos como los principales califas del mundo islámico. La conquista militar fue acompañada de un esplendor cultural. Como en el caso de **Santa Sofía** (Ayasofya Camii; ver págs. 60 y 61), los otomanos crearon mezquitas inicialmente adaptando iglesias cristianas. Sin embargo, a partir de la época de Solimán se construyeron nuevas mezquitas que dominan el horizonte de la Ciudad Vieja hasta día de hoy.

Las más impresionantes son la **Mezquita de Solimán** (Süleymaniye Camii; ver pág. 76); la **Mezquita Atik Valide** (Atik Valide Camii; ver págs. 168-169) y la **Mezquita Azul** (Sultan Ahmet Camii; ver págs. 54 y 55).

Maestros brutales

Los otomanos demostraron una combinación inusual de sofisticación y brutalidad. Para sus mezquitas y el desarrollo del Palacio de Topkapi emplearon a un gran número de artistas y artesanos, incluidos calígrafos, tapiceros, plateros y ceramistas que creaban finos azulejos. Embellecieron Estambul con jardines de flores, estableciendo la moda de los tulipanes. En 1577, Murad III importó 300 000 bombillas a la ciudad. A pesar de todo, sus reglas no eran ajenas a la

MIMAR **SINAN**

Mimar Sinan (ca. 1490-1588) fue ingeniero militar antes de convertirse en el arquitecto principal de Solimán I, a la edad de cincuenta años. Su primera obra maestra fue la **Mezquita Şehzade** (Şehzade Camii), construida en 1543 como monumento a Şehzade Mehmet, hijo de Solimán. Su estilo combina la perfección geométrica de la forma con elegantes decoraciones. Sus habilidades de diseño van desde la vasta **Mezquita de Solimán** hasta la pequeña pero perfecta **Mezquita Rüstem Paşa** (Rüstem Paşa Camii; ver pág. 79).

El patio interior de la Mezquita de Solimán de Mimar Sinan.

EL CASCO VIEJO

crueldad y la esclavitud. Por temor a disputas sucesorias, los hermanos del sultán fueron asesinados nada más ascender al trono. Las madres de sus hijos vivían como esclavas, custodiadas en el harén por esclavos eunucos. La élite militar del ejército otomano, los jenízaros, eran cristianos secuestrados de sus familias cuando eran niños y criados como musulmanes.

Hacia el declive

Alrededor del siglo XVII, los sultanes ya no dirigían ejércitos y vivían aislados dentro del Palacio de Topkapi. La corrupción era rampante y las viciosas intrigas en el harén se reflejaban en el poder. Los jenízaros dejaron de ser soldados de élite para convertirse en un organismo privilegiado, conservador y resistente a la innovación. Sin embargo, el pueblo comenzó a presionar en

La elegante Fuente de los Cisnes se encuentra en el centro del jardín imperial del Palacio Dolmabahçe.

busca de reformas. En 1826, los jenízaros fueron castigados con un gran derramamiento de sangre y el ejército comenzó a modernizarse. Bajo Abdülmecid I, a partir de 1839 se emprendieron reformas administrativas, legislativas y económicas según los modelos occidentales. El **Palacio Dolmabahçe** (Dolmabaçe Sarayı; ver págs. 152-153) fue construido como un reemplazo moderno del anticuado Topkapi. Pero ya fue demasiado poco y tarde. La derrota en la Primera Guerra Mundial disolvió el Imperio Otomano. El último sultán Mehmed VI se exilió en 1922.

Lugares antiguos

Estambul fue conquistada por los cruzados cristianos en 1204 y por los otomanos musulmanes en 1453. A pesar de estas incursiones, la mayor parte del patrimonio artístico de la ciudad permaneció intacto, como las columnas romanas, las iglesias griegas y las reliquias bizantinas.

■ Iglesia de Santa Irene

Esta iglesia del siglo IV situada en el primer patio del **Palacio Topkapi** (Topkapı Sarayı; ver las págs. 62-65) es la más antigua de Estambul y una de las pocas que se salvaron de la conversión en mezquita. Utilizada como armería en la época otomana, es un museo desde principios del siglo XX. En el interior, admira la cruz sobre la entrada. Debido a su excelente acústica, ha sido durante mucho tiempo el lugar principal del **Festival Internacional de Música de Estambul** (*junio, muzik.ikvs.org*).

Topkapi Sarayı ▪ 0212 512 0480 ▪ Cerrado el mar. ▪ €€ ▪ Tranvía: Gülhane ▪ topkapisarayi.gov.tr

■ Hipódromo

Cuando el emperador Constantino trasladó la capital de Roma a Estambul en el año 324, su primera obra fue la ampliación del ya gran Hipódromo de la Ciudad Vieja. Construyó su palacio cerca, proporcionándole un paso directo al palco imperial, ante una audiencia de 100.000 personas. Todavía se puede recorrer el circuito de carreras de 460 m de longitud en At Meydanı. Los aurigas corrían delante del botín de guerra alineado en el centro. Destaca el **Obelisco de Teodosio** (Dikilitaş; ver pág. 32). El circuito estaba rodeado por un gran estadio de piedra donde se alineaban las gradas (ver **Museo de Arte Turco e Islámico**, pag. 104).

Tranvía: Sultanahmet

■ Muros de defensa marina

En el siglo VIII, los bizantinos fortificaron la costa de la Ciudad Vieja con gruesos muros para protegerse de los enemigos llegados del mar. Todavía se pueden ver los restos de estas estructuras visitando la zona **sur del Cuerno de Oro** (ver págs. 96-97) o caminando desde el **Palacio de Topkapi** (Topkapı Sarayı;

El lado sur de la base del Obelisco de Teodosio en el Hipódromo.

ver págs. 62-65). Aunque no son seguras, todavía se pueden reconocer muchas torres de vigilancia que bordeaban el agua. Estas defensas marítimas siguieron siendo efectivas hasta el asedio de Mehmed II el Conquistador en 1453 (ver págs. 66-69), cuando los cañones atravesaron las murallas y los invasores irrumpieron en la ciudad.

Kennedy Caddesi, Sarayburnu

◾ MUSEO DEL MOSAICO DEL GRAN PALACIO

El Gran Palacio de los emperadores bizantinos estuvo una vez donde hoy se encuentra la **Mezquita Azul** (Sultan Ahmet Camii; ver págs. 54 y 55), justo al sur del antiguo **Hipódromo**. En la época del emperador Justiniano era costumbre cubrir los suelos de los patios con grandes mosaicos. Estos intrincados motivos del siglo VI fueron descubiertos hace solo unas décadas y ahora son patrimonio del Museo del Mosaico del Gran Palacio (Büyük Saray Mozaikleri Müzesi). Sube a la terraza suspendida y admira la gran composición en su conjunto con escenas pastorales y de caza de leones y tigres.

Arasta Çarşisi Sokak 53 • 0212 518 1205 • € • Tranvía: Sultanahmet

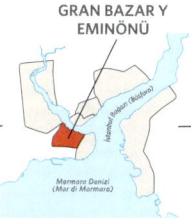

Del Gran Bazar a Eminönü

DEL GRAN BAZAR A EMINÖNÜ

Este barrio es el corazón comercial de Estambul, con las bulliciosas tiendas del Gran Bazar al sur y los puestos llenos de aromas del Mercado de las Especias al norte. En la red de calles que conectan los dos mercados cuesta abajo, los antiguos patios *(hans)* albergan numerosas tiendas. Cada día, miles de residentes vienen aquí en busca de gangas, desde camisetas para niños hasta vestidos de novia y ovillos de lana turca. Aquí podrás admirar la Mezquita de Solimán del siglo XVI, una de las obras maestras del arquitecto otomano Sinan. También verás la estación de tren de Sirkeci, terminal del lujoso Orient Express. Suma a esta mezcla la costa de Eminönü, un verdadero paraíso para los entusiastas de la comida callejera, y verás un vecindario lleno de vida.

◄ **El evocador Gran Bazar de Estambul, donde puedes encontrar de todo, desde finas telas hasta joyas y cerámica turca.**

Del Gran Bazar a Eminönü

Los densos laberintos de calles son un paraíso para los amantes de las compras, pero también para entusiastas de la arquitectura y fanáticos de la historia.

❶ Mezquita de Solimán
(ver pág. 76) Admira el impresionante interior de la segunda mezquita más grande de Estambul. Sal hacia el sur y continúa por Fuat Paşa Caddesi y Çadırcılar Caddesi.

❷ Bazar de libros usados
(ver págs. 76-77) Desplázate por las mesas cubiertas de textos antiguos y tomos ilustrados. Sal por la entrada sur y cruza la calle.

❸ Gran Bazar
(ver págs. 80-83) Entra al mercado del siglo xv desde la puerta Beyazıt (Beyazıt Kapısı) y piérdete entre las tiendas. Sal de Mahmutpaşa Kapısı y continúa cuesta abajo por Mahmutpaşa Yokuşu, en dirección noreste hasta cruzar Ankara Caddesi.

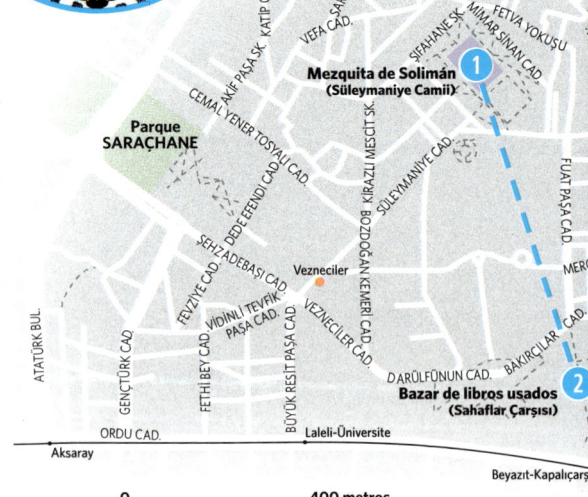

**DEL GRAN BAZAR HASTA EMINÖNÜ LONGITUD: 4 KM
DURACIÓN: 7 HORAS APROXIMADAMENTE SALIDA PARADA DE METRO: VEZNECILER**

❼ Tahtakale (ver pág. 79)
En este templo para amas de casa locales, compra artículos domésticos turcos como regalo o recuerdo.

❻ Mezquita de Rüstem Paşa (ver pág. 79)
No te pierdas la entrada arqueada a la mezquita, dejando la calle principal y subiendo las escaleras. Examina de cerca las paredes completamente alicatadas de İznik. Vuelve a subir Hasırcılar Caddesi, continuando al norte de Tahtakale.

❺ Mercado de las Especias
(ver pág. 78) Consigue algunos aromas para llevar a casa. Sal por el extremo suroeste y camina hacia el noroeste por Hasırcılar Caddesi.

❹ Estación de tren de Sirkeci
(ver pág. 77) Disfruta de las 300 piezas del pequeño museo de la estación. Dirígete hacia el oeste por Hamidiye Caddesi para entrar al Mercado de las Especias desde Yeni Cami Caddesi.

Haliç

PORTO DI EMINÖNÜ

(Cuerno de Oro)

GALATA KÖPRÜSÜ

Mezquita de Rüstem Paşa
(Rüstem Paşa Camii)

6

Eminönü

REŞADİYE CAD.

KENNEDY CAD.

Mercado de las Especias
(Mısır Çarşısı)

5

TAHTAKALE CAD.

BÜYÜK POSTANE CAD.

AŞIR EFENDİ CAD.

ANKARA CAD.

Sirkeci

Estación de tren
de Sirkeci
(Sirkeci Tren Garı)

4

SİRKECİ

7 Tahtakale

TAHTAKALE

ÇAKMAKÇILAR YOKUŞU

TARAKÇILAR CAD.

MAHMUTPAŞA YOKUŞU

CEMAL NADİR SK.

İZNİKÇARŞILAR... AD.

TİĞCİLAR SK.

TÜRK OCAĞI CAD.

3

Gran Bazar
(Kapalı Çarşı)

ŞEREF EFENDİ SK.

BAB-I ALİ CAD.

YENİÇERİLER CAD.

Çemberlitaş

DİVAN YOLU CAD.

Mezquita de Solimán

1 Construida entre 1551 y 1557 bajo el sultán Solimán el Magnífico, la Mezquita de Solimán (Süleymaniye Camii) domina un complejo de 70 000 m² que incluyó una escuela de medicina, una escuela religiosa, un hammam, una biblioteca y una cocina. A la entrada del jardín, observa los 10 balcones que rodean los cuatro minaretes que celebran a Solimán como el décimo sultán del Imperio Otomano. Sigue las indicaciones hacia la entrada a través del amplio patio de la mezquita. Este edificio perfectamente simétrico es la obra maestra del arquitecto principal del Imperio Otomano, Mimar Sinan (ver pág. 68). Las columnas estructurales proceden de Baalbek en el Líbano y del propio **Palacio de Topkapi** (Topkapı Sarayı; ver págs. 62-65). La reciente renovación masiva de la mezquita incluyó la cúpula de

53 m, las pinturas ornamentales y las vidrieras. En el pequeño cementerio de la parte trasera se encuentra el mausoleo del sultán Solimán y su esposa Roxelana, de forma octogonal y ricamente decorado. Una modesta tumba justo al norte del complejo, entre Mimar Sinan Caddesi y Fetva Yokuşu, alberga los restos del arquitecto Sinan.

Prof. Sıddık Sami Onar Caddesi • 0212 458 0000 • Cerrado el vie. por la mañana y durante los momentos de oración (las tumbas cierran los lun.) • Metro: Vezneciler; Tranvía: Beyazıt o Laleli • suleymaniyecamii.org

Los fieles se lavan las manos y los pies antes de entrar a la mezquita para orar.

Bazar de libros usados

2 En el antiguo Bazar de libros usados (Sahflar Çarşısı) hay montones de textos y volúmenes turcos para estudiantes universitarios. Los visitantes extranjeros quedan intrigados por los grandes álbumes de fotografías y la selección de miniaturas turcas con o sin marco. Durante un tiempo, estas eran páginas de libros antiguos con decoraciones otomanas. Aunque algunas de estas piezas sí son auténticas valen una fortuna en el extranjero, varios vendedores venden copias contemporáneas reconocibles por su precio.

Çadırcılar Caddesi • Cerrado los do. • Tranvía: Beyazıt

Gran Bazar

3 Ver págs. 80-83.

Varias entradas, entradas principales: al suroeste Beyazıt Kapısı (Çadırcılar Caddesi), al este Nuruosmaniye Kapısı (Nuruosmaniye Caddesi) • Cerrado los do. • Tranvía: Beyazıt • kapalicarsi.com.tr

Estación de Sirkeci

4 Inaugurado en 1890, la **Estación de ferrocarril tren de Sirkeci** (Sirkeci Tren Garı) fue conocida durante mucho tiempo como la terminal del tren más fascinante de Europa, el Orient Express. Inaugurado en 2013, desde el mismo año está flanqueado por la estación de la línea de metro Marmaray, que pasa bajo el Bósforo y conecta Europa y Asia. La estación en sí es pequeña. Echa un vistazo a la fachada cuyos ornamentos muestran ser un punto de encuentro entre el este y el oeste, y después entra para admirar el **Museo del Ferrocarril de Estambul**. El pequeño espacio contiene fotografías antiguas y recuerdos de trenes, incluidos vajillas de la antigua línea París-Estambul. Cerca del museo, camareros con corbatas y adornos tradicionales evocan el pasado en el **Restaurante Orient Express** (*Sirkeci Gar İçi Caddesi 2, 0212 522 2280*), famoso desde su apertura en 1890.

Ankara Caddesi • 0212 527 1201 • Tranvía: Sirkeci

DÓNDE **COMER**

■ **FES CAFÉ** Cerca del Gran Bazar, un restaurante de estilo occidental con una carta de sopas, sándwiches, ensaladas y rollitos de carne. **Alibaba TürbeSokak 25-27, 0212 526 3010, €€**

■ **HAMDI** Frente al Cuerno de Oro, este especialista en kebab tiene tres plantas y sirve carnes a la parrilla procedentes de toda Turquía. **Tahmis Caddesi, Kalçın Sokak 11, 0212 528 0390, €€, hamdi.com.tr**

■ **RESTAURANTE PANDELI** Este elegante restaurante está situado a la entrada del Mercado de las Especias. El *hünkar beğendi* (cordero asado con puré de berenjena) es una especialidad. **BALık Pazarı Kapısı Sokak 1/2 Çarşısı 1, 0212 527 3909, €€, pandeli.com.tr**

Mercado de las Especias

5 El Mercado de las Especias (Mısır Çarşısı, que significa bazar egipcio) ofrece alrededor de 100 tiendas bajo sus arcos. Originalmente solo se vendían hierbas y especias, pero hoy en día muchos vendedores también ofrecen frutos secos y magníficos dulces turcos *(lokum)*. Los conocedores compran hojuelas de pimiento rojo especiado *(kırmızı pul biber)*, menta seca y una amplia variedad de vegetales deshidratados como quingombó y berenjena. Quienes pueden permitírselo compran artículos caros como azafrán de Irán y caviar de alta calidad. El ambiente es muy jovial y la mayoría de los vendedores te permiten probar antes de comprar. Muchos también tienen selladores al vacío que se pueden usar para todo, desde hojas de té hasta zumaque. No te limites a comprar dentro del perímetro. La pared exterior está llena de vendedores de queso, aceitunas y embutidos de Anatolia (ver también pág. 25).

Entradas desde Ragıp Gümüşpala Caddesi, Tahmis Sokak, Çiçek Pazarı Sokak y Yeni Cami Caddesi • 0212 513 6597 • Tranvía: Eminönü • misircarsisi.org.tr

Relleno de nueces o pistachos, el *baklava* fresco del Mercado de las Especias no tiene desperdicio.

Mezquita de Rüstem Paşa

6 La Mezquita de Rüstem Paşa (Rüstem Pasa Camii) es probablemente la más bella de las muchas que hay en Estambul. Fue diseñada por el arquitecto real Mimar Sinan (ver pág. 68) y construida en 1561. Estaba dedicada al gran visir (primer ministro) de Solimán el Magnífico, Rüstem Paşa, que también era su amigo e hijo adoptivo. Sube una de las dos escaleras curvas de la mezquita hasta una terraza al aire libre, aquí es donde te darás cuenta de por qué este lugar es realmente especial. La mezquita está completamente cubierta, tanto por dentro como por fuera, con magníficos azulejos azules de İznik pintados a mano. Detente a examinarlos detalladamente, este es uno de los pocos lugares de Estambul donde el visitante puede acercarse tanto a ellos. En el exterior, fíjate también en los decorados con tonos rojo oscuro: este pigmento en particular fue añadido solo por los artesanos más hábiles.

> ### UNA **CURIOSIDAD**
>
> Los azulejos de İznik son una característica de las mezquitas más grandes de Estambul y fueron hechos a mano por renombrados artesanos de İznik, una ciudad a 145 kilómetros al este. Los motivos de las cerámicas fueron influenciados inicialmente por diseños chinos, mientras que en el siglo XVI los turcos añadieron tonos de rojo, turquesa y azul cobalto. Entre los motivos más populares se encuentran los tulipanes, las flores y peces nadando.

Hasırcılar Caddesi • Cerrado durante los momentos de oración • Tranvía: Eminönü

Tahtakale

7 Saliendo de la **Mezquita Rüstem Paşa** te encontrarás en el animado barrio de Tahtakale, un laberinto de estrechas zonas peatonales donde se concentran tiendas que venden todo tipo de artículos para el hogar. Esta zona es una de las favoritas de los residentes y es particularmente conocida por su abundancia de objetos de madera, desde tablas de cortar hasta cucharas ornamentales gigantes y juegos de backgammon decorados a mano *(tavla)*. También podrás encontrar cafeteras, teteras y juegos de vasos de té elaborados con el tradicional motivo de tulipanes.

Alrededores de Hasırcılar Caddesi y Uzunçarşı Caddesi • Tranvía: Eminönü

Gran Bazar

Alrededor de 4.000 tiendas venden todo tipo de artículos, incluidos cuero, lámparas, joyas, azulejos de İznik y refinadas telas turcas.

Lámparas y faroles de cristal brillan como joyas entre las estanterías del Gran Bazar.

Muchos historiadores afirman que el Gran Bazar de Estambul (Kapalı Çarşı) es el primer centro comercial del mundo. El primer espacio (bedestens) fue encargado en 1461 por el sultán Mehmed II, y se fue ampliando con el paso de los años. Los caravasares (posadas con patios) y los estrechos pasajes que los rodeaban pronto fueron absorbidos. Solimán el Magnífico añadió una ampliación un siglo después. El complejo se extiende entre las mezquitas de Bayezid y Nuruosmaniye con la entrada principal en Divan Yolu Caddesi.

■ LO NUEVO Y LO VIEJO

Al entrar al Gran Bazar, mira hacia arriba y verás cómo muchos de los techos están pintados con los tradicionales patrones rojos y azules. Pero también hay un guiño al siglo XXI con pantallas de televisión que anuncian las tiendas. Mientras exploras el lugar, te encontrarás con las cuatro fuentes donde los vendedores y residentes suelen detenerse para lavarse las manos y la cara en verano.

■ ENCUENTRA LA INSPIRACIÓN

Mires donde mires, el Gran Bazar está cubierto de carteles, desde carteles en las calles hasta departamentos comerciales. Para no perderse y aprovecharlo al máximo, sigue siendo preferible hacerse con un mapa en alguna de las tiendas que los venden. Ya sea porque buscas cerámica de Kütahya e İznik (las dos capitales turcas del sector), bolsos de cuero, faroles de vidrio de colores brillantes, finas *pashminas* o antigüedades del Medio Oriente, verás que el Gran Bazar realmente lo tiene todo. Simplemente pasea por la atmósfera de los pasillos y descubre qué es lo que más te atrapa. Pronto te darás cuenta de que dentro del mercado los puestos generalmente están agrupados por tipos de artículos.

UNA **CURIOSIDAD**

Con 45.000 m² de superficie, el mercado emplea a 22.000 personas en unas 4.000 tiendas repartidas en unas sesenta calles, casi como si fuera una pequeña ciudad en sí misma. Paseando por su interior notarás la presencia de decenas de restaurantes y salones de té, una oficina de correos, varios bancos y dos mezquitas. El mercado también cuenta con su propia comisaría.

■ DESDE JOYERÍA HASTA ARTÍCULOS DE COBRE

Comienza en **Kalpakçilar Caddesi**, famosa por sus joyerías, incluida **Boybeyi Jewelry** (*números 22, 33-35 y 163, 0212 522 4446*). Desde hace 100 años, esta empresa familiar produce diamantes y diseños inspirados en la cultura turca. Al girar a la izquierda en **Kolancılar Sokak** llegarás al norte hasta **İç Bedesten** (también conocido como Cevahir Bedesteni), el emplazamiento original del Gran Bazar y el corazón del mercado. El gran espacio está construido sobre el ágora de la ciudad romana y cuenta la leyenda que túneles subterráneos lo conectan con el cercano **Mercado de las Especias** (Mısır Çarşısı; ver pág. 78). Hoy en día, los quioscos de İç Bedesten ofrecen antigüedades, artículos de cobre, iconos y preciosos relojes antiguos.

En el distrito de joyerías del bazar brillan hileras de pulseras doradas.

■ CERÁMICA Y TEXTILES

Sal de İç Bedesten hacia el norte por **Sahaflar Bedesteni Sokak**. Al oeste de aquí se encuentra la sección de *souvenirs* del mercado. Si la cerámica es tu pasión, gira a la izquierda y detente en **Iznik-Art** (*Orat Kazazlar Caddesi 64, 0212 512 3473*), donde el maestro Ismail Yiğit expone piezas inspiradas en la tradición otomana, algunas de las cuales han formado parte en el pasado de exposiciones temporales en el Museo Británico. Dirígete hacia el oeste hasta **Yağlıkçılar Sokak**. Esta calle del eje norte-sur es una sucesión de tiendas que venden tejidos de todo tipo, desde delicados pañuelos *batik* hasta ropa de baño. Un lugar ideal para encontrar las clásicas toallas hammam o los tradicionales y coloridos caftanes otomanos. Entre los trabajos más conocidos, **İgüs** (*Yağlıkçılar Sokak 80, 0212 512 3528*) ofrece una impresionante selección de *pashminas* de seda y chales de lana. Cruza la calle siguiendo **Halıcılar Caddesi** hacia el este. **Adnan & Hasan** (*Halıcılar Caddesi 89, 0212 527 9887, adnanandhasan.com*), inaugurado en 1978, es uno de los negocios más antiguos del Gran Bazar. Lo más destacado es la amplia gama de alfombras y *kilims* de Anatolia, a los que se añaden elegantes fundas de cojines. Para jabones de aceite de oliva con rosa y jazmín, dirígete al cercano **Abdulla Natural Ürünler** *(Halıcılar Caddesi 58-60, 0212 527 3684)*. Gira a la izquierda hacia **Kuyumcular Caddesi**. Sigue todo el camino hacia el norte hasta **Zincirli Han**, uno de los espacios más bonitos del bazar y una de las posadas utilizadas para el comercio. Hoy el patio está pintado de rosa y alberga al vendedor de alfombras **Şişko Osman** *(Zincirli Han 15, 0212 528 3548)*.

■ Subastas semanales
Camina de regreso a Kuyumcular Caddesi y sigue hacia el sur. Justo al este notarás la cúpula de **Sandal Bedesten**, la segunda sección más antigua del Gran Bazar, creada por orden de Solimán el Magnífico a mediados del siglo xvi y, hoy en día, zona dedicada a los vendedores de alfombras y las subastas semanales. Sigue recto para llegar al sector de pieles y artículos de cuero del bazar en **Kürkçüler Çarşısı**.

■ Descansa en el mercado
Para descansar un momento, toma el camino **Yağlıkçılar Sokak** hacia el sur hasta **Sarı Hacı Hasan Sokak**. Gira a la derecha y luego a la izquierda para encontrar **Havuzlu** *(Gani Çelebi Sokak 3, 0212 527 3346)*, un restaurante bazar abierto desde hace más de sesenta años que sirve platos típicos de la tradición turco-otomana. Haz una parada para tomar un refrigerio y acompáñalo con una taza de café turco.

Varias entradas, entradas principales: al suroeste Beyazıt Kapısı (Çadırcılar Caddesi), al este Nuruosmaniye Kapısı (Nuruosmaniye Caddesi) • Cerrado los do. • Tranvía: Beyazıt • kapalicarsi.com.tr

DEL GRAN BAZAR A EMINÖNÜ

Ciudad de comerciantes

La peculiar posición geográfica, enclavada en los extremos europeo y asiático del Bósforo, ha asegurado la supremacía estratégica de Estambul durante muchos siglos. Quienquiera que gobernara la ciudad también ejercía control naval sobre lo que era uno de los pasajes cruciales de la Ruta de la Seda. Durante más de un milenio, Estambul ha desempeñado un papel importante en el intercambio de ideas, tradiciones, actividades y, bienes entre Oriente y Occidente.

En el lado asiático del Bósforo, la construcción de la estación de Haydarpaşa en 1872 demuestra que las mercancías podían transferirse directamente del tren al barco y viceversa. Página opuesta: uno de los muchos espacios comerciales que bordean el Gran Bazar.

Oficios antiguos

Alrededor del año 500 d. C., Constantinopla (el nombre de Estambul en ese momento) era la ciudad más grande que el mundo había conocido. El Bósforo conectaba el Mar Negro al norte con el Mediterráneo al sur, convirtiendo a la ciudad en un centro natural de las rutas comerciales que transportaban todo tipo de mercancías entre China y Europa. Siguiendo las corrientes del canal durante al menos 1350 años, muchos miles de comerciantes pasaron por Estambul con sus valiosas mercancías.

Costumbres otomanas

Las mercancías también se transportaban por tierra en las calles que rodeaban el laberinto de espacios comerciales del **Gran Bazar** (Kapalı Çarşı; ver págs. 80-83), fundada en 1461 por el sultán Mehmed II. Numerosos caravasares (posadas con patios) ofrecían a los comerciantes de paso un lugar fresco y tranquilo para descansar y refrescarse. Los locales eran lugares para negociar. Con el tiempo estos patios se han convertido en centros comerciales con sus propias reglas y continúan funcionando de esta manera. Al caminar por las calles del Estambul contemporáneo, notarás barrios enteros dedicados a categorías comerciales específicas, nada más y nada menos que como en el Gran Bazar durante siglos, desde el laberinto de artículos para el hogar en **Tahtakale** (ver pág. 79) a talleres de herramientas en **Perşembe Pazarı** (ver pág. 37). Al este de Sultanahmet se encuentra el distrito de las telas, mientras que en las tiendas de las curvas de la costa suroeste, cerca de la **Torre de Gálata** (Gálata Kulesi; ver págs. 110-111) se venden lámparas. Estos barrios existen en otras grandes ciudades – como el Garment District o el Meatpacking District de Nueva York –, pero donde en otros lugares solo se ha conservado el nombre, aquí las actividades tradicionales siguen constituyendo una de las almas de la ciudad.

LA **RUTA DE LA SEDA**

Recorrida principalmente en la época bizantina (del 300 d. C. al 1453), debe su nombre al que en su momento era el producto de origen chino más codiciado. No existía una única Ruta de la Seda, sino un conjunto de rutas que conectaban Asia Menor y Europa, difundiendo mercancías. Los productos incluían, además de seda, porcelana y lacas de China, cristalería de Egipto y azafrán de Persia (ahora Irán).

Comida callejera

Los habitantes de Estambul tienen buen paladar y aprovechan la oportunidad para tomar un refrigerio, ya sea pan *simit* para el desayuno o una ración de mejillones guisados que comen rápidamente durante el día. Eminönü es uno de los principales destinos, pero hay comida callejera por toda la ciudad.

■ BOCADILLOS DE PESCADO
Los bocadillos de pescado *(balık ekmek)* se venden en las orillas del Bósforo y el Cuerno de Oro, pero la ubicación privilegiada para esta popular especialidad es en el extremo sur del **Puente de Gálata** (Galata Köprüsü; ver pág. 113), en la costa de Eminönü. Hay barcos de madera de estilo otomano amarrados, y los cocineros preparan rápidamente fragantes bocadillos rellenos de caballa a la parrilla, cebolla y lechuga. No te atrevas a cambiar el menú. Aguarda tu pedido y toma asiento en una de las mesas. Para darle un toque de sabor local, dirígete al quiosco y compra unos encurtidos *(turşu)* como guarnición.

■ MEJILLONES RELLENOS
Disfrutados desde la época otomana, los mejillones rellenos *(midye dolma)* se sirven con una mezcla de piñones, pasas, especias calientes y arroz en platos grandes con un generoso chorrito de limón. Pide un plato a la vez y come hasta saciarte. Para elegir dónde conseguirlos, fíjate en los quioscos con mayor rotación de personas. Esta es la mejor garantía para estar seguros de que los mejillones están frescos. Verás a los vendedores más ocupados alineados en el muelle de Karaköy.

■ TATLI
Los turcos tienen una verdadera pasión por los dulces *(tatlı),* por lo que no sorprende que también los coman mientras caminan. Los puestos callejeros son especializados y ofrecen postres de sémola *(tulumba)* y bizcocho *(şambali)* con tapas de pistacho y otras delicias. La mayor concentración se encuentra en el distrito de Gálata, en el extremo norte del **Puente de Gálata**, justo debajo de la **Torre de Gálata** (Galata Kulesi ; ver págs. 110-111).

Los quioscos rojos de la ciudad venden pan *simit* y castañas asadas.

■ İÇLI KÖFTE

El *İçli köfte* es una cáscara de bulgur crujiente rellena de cordero, cebolla y especias. Este sabroso refrigerio es un excelente combustible para la tarde. Intenta llegar al famoso puesto de **İstiklal Caddesi** (ver págs. 134-135) en el barrio de Beyoğlu (en la diagonal opuesta a la escuela Galatasaray).

■ APERITIVOS CALIENTES

Independientemente de la estación y la hora del día, las castañas asadas y las mazorcas de maíz son una comida callejera muy popular entre los residentes. También se venden en los quioscos oficiales del municipio, se pueden comprar en Beyoğlu, Sultanahmet y a orillas del Cuerno de Oro.

■ SIMIT

Pariente cercano del *pretzel* y popular en Estambul durante más de cinco siglos, este pan cubierto de sésamo se utiliza con frecuencia como aperitivo para llevar. Desde trabajadores hasta gerentes, a menudo se ve a los viajeros de Estambul mordisqueando estos platos de camino al trabajo.

El sur del Cuerno de Oro

Los barrios históricos de Fatih, Fener y Eyüp, a pesar de estar a solo unos kilómetros del esplendor del centro de Estambul, no podrían tener un carácter más diferente. Dentro de sus fronteras albergan más mezquitas, iglesias y sinagogas que casi cualquier otra ciudad del mundo, un testimonio de la tolerancia religiosa de los sultanes otomanos. No te pierdas los frescos del interior de la Iglesia de San Salvador de Cora. Varios lugares, como la muralla de la ciudad y la Iglesia de Santa María de los Mongoles, necesitan restauración, y algunas calles alrededor de la Mezquita del Sultán Selim casi no están señalizadas. Sin embargo, los lugares de culto brillan por su autenticidad y, en ocasiones, por el oro con el que están decorados.

◂ **Interiores de la Iglesia de San Salvador de Cora. Casi todas las superficies albergan un fresco o mosaico de excepcional ejecución.**

El sur del Cuerno de Oro

Explora el entramado de rostros religiosos de Estambul con sus mezquitas, iglesias y sinagogas.

⑧ Eyüp (ver pág. 97) Sube en funicular hasta la parada Pierre Loti y explora el barrio.

④ Iglesia Patriarcal Ortodoxa Griega de San Jorge
(ver págs. 94-95) Regodéate con los iconos en este importante templo ortodoxo griego. Luego regresa hacia Yıldırım Caddesi.

③ Mezquita del Sultán Selim Yavuz (ver pág. 93) Examina los ricos detalles decorativos de esta mezquita en la cima de una colina. Regresa a Sultan Selim Caddesi, baja por Camcı Çeşmesi Yokuşu hasta Yıldırım Caddesi y luego gira a la derecha.

⑦ Murallas de la ciudad (ver págs. 96-97) Son evidentes las murallas del siglo XIII. Síguelas hacia el noreste hasta llegar a la costa del Cuerno de Oro. Toma un taxi desde Ayvansaray Caddesi hasta la estación del teleférico de Eyüp.

PARQUE HALIÇ

ISTANBUL ÇEVRE YOLU

Haliç

SİLAHTARAĞA CAD.

KARAAĞAÇ CAD.

HALIÇ KÖPRÜSÜ

KUMBARAHANE CAD.

ŞABAN DERESİ SK.

YAVEDUT CAD.

SİLAHTARAĞA CAD.

FAHRİ KORUTÜRK CAD.

EYÜP MEZARLIĞI (CEMENTERIO)

⑧ Eyüp

EYÜP

EYÜP SULTAN BUL.

BÜLBÜLDERE CAD.

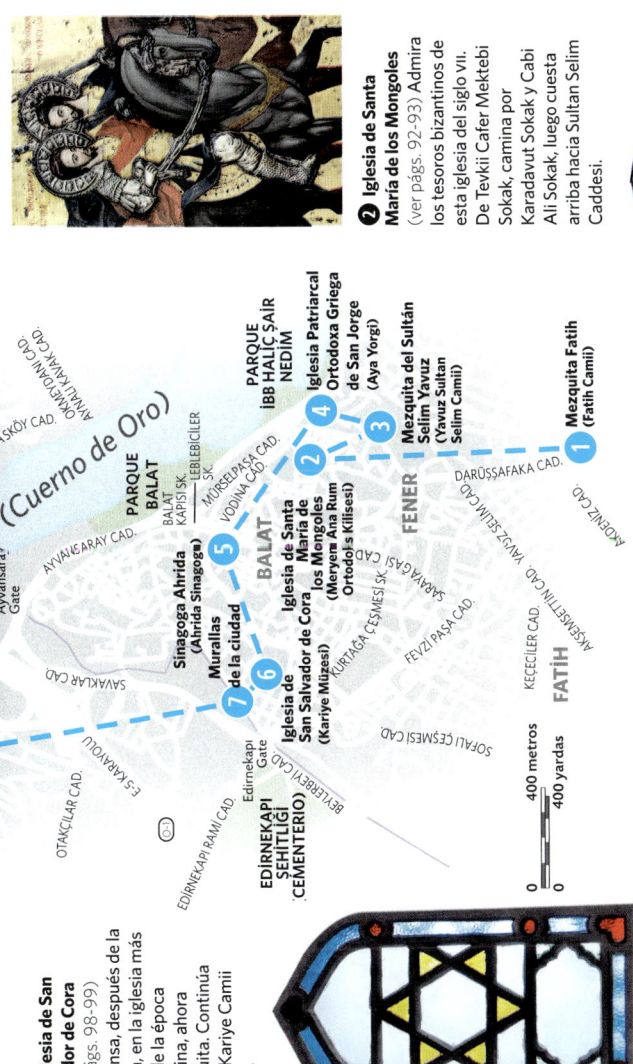

① Mezquita Fatih (ver pág. 92) Visita la tumba del sultán Mehmed II. Sal po·la puerta noroeste por Darüşşafaka Caddesi. Luego avanza a lo largo de las intrincadas calles de Fener-Murat Molla Sokak, Mesnevihane Sokak y Usturumca Sokak.

② Iglesia de Santa María de los Mongoles (ver págs. 92-93) Admira los tesoros bizantinos de esta iglesia del siglo VII. De Tevkii Cafer Mektebi Sokak, camina por Karadavut Sokak y Cabi Ali Sokak, luego cuesta arriba hacia Sultan Selim Caddesi.

⑤ Sinagoga Ahrida (ver pág. 95) Entra en la sinagoga más antigua de Estambul. Dirígete hacia el oeste por Sultan Çeşmesi Caddesi y luego por Kariye Türbesi Sokak.

⑥ Iglesia de San Salvador de Cora (ver págs. 98-99) Descansa, después de la subida, en la iglesia más bella de la época bizantina, ahora mezquita. Continúa hasta Kariye Camii Sokak.

Mapa (etiquetas)

AVNI KAVAK CAD.
ÖMER TRANİ KAVAK CAD.
ASKÖY CAD.
(Cuerno de Oro)
PARQUE BALAT
BALAT KAPISI SK.
LEBLEBİCİLER SK.
AYVANSARAY CAD.
Ayvansaray Gate
MÜRSELPAŞA CAD.
VODİNA CAD.
BALAT
PARQUE İBB HALİÇ ŞAİR NEDİM
③ Iglesia Patriarcal Ortodoxa Griega de San Jorge (Aya Yorgi)
④ Mezquita del Sultán Selim Yavuz (Yavuz Sultan Selim Camii)
① Mezquita Fatih (Fatih Camii)
DARÜŞŞAFAKA CAD.
MÜEZİNİ CAD.
YAVUZ SELİM CAD.
FENER
② Iglesia de Santa María de los Mongoles (Meryem Ana Rum Ortodoks Kilisesi)
SARAÇHANE CAD.
KURTAĞA ÇEŞMESİ SK.
SALVAKAR CAD.
⑤ Sinagoga Ahrida (Ahrida Sinagogu)
Murallas de la ciudad
⑦
⑥ Iglesia de San Salvador de Cora (Kariye Müzesi)
FATİH
KEÇECİLER CAD.
AKSEMSETTİN CAD.
FEVZİ PAŞA CAD.
OTAKÇILAR CAD.
E-5 KARAYOLU
Edirnekapı Gate
EDİRNEKAPI RAMİ CAD.
Edirnekapı
EDİRNEKAPI ŞEHİTLİĞİ (CEMENTERIO)
BEYLERBEYİ CAD.
SOFALI ÇEŞMESİ CAD.

0   400 metros
0   400 yardas

Mezquita de Fatih

1 Construida en la colina más alta de Estambul, la Mezquita de Fatih (Fatih Camii) está dedicada al héroe otomano Mehmed II el Conquistador (ver págs. 66-69), quien ordenó su construcción a mediados del siglo XV en el lugar de la Iglesia de los Santos Apóstoles, fundada por Constantino el Grande. Camina alrededor de las cuatro paredes del complejo de la mezquita para comprender la importancia del edificio. Como primera mezquita imperial de Estambul, el tamaño estaba destinado a impresionar. Camina por el impresionante arco que conduce al patio interior de la mezquita. Gran parte del complejo fue destruido por un terremoto en 1766, pero el patio sobrevivió. En el centro verás la fuente original (*şadırvan*), con su decoración dorada y el techo cónico.

Gran parte de lo que vemos es el resultado de la reconstrucción de 1771. La cúpula de 26 m está sostenida por cuatro semicúpulas, a su vez sostenidas por robustas columnas de mármol. Antes de abandonar el complejo, busca la tumba de Mehmed, que se encuentra junto al muro sureste de la mezquita. También llegan peregrinos de muy lejos para rendirle homenaje.

Darüşşafaka Caddesi • Cerrado durante los momentos de oración • Autobuses: 35D, 36A, 90

Iglesia de Santa María de los Mongoles

2 Pocos visitantes se aventuran hasta el antiguo enclave griego de Fener para ver esta encantadora iglesia. Santa María de los Mongoles (Meryem Ana Rum Ortodoks Kilisesi) data del siglo VII y es el único templo bizantino de Estambul que no se ha transformado en mezquita. Aunque la iglesia generalmente está cerrada al público, tocando el timbre se abrirá. Al entrar, el ambiente tranquilo de la iglesia te sumergirá en una historia que apenas ha cambiado en 13 siglos. Observa el *Juicio Final* que domina el atrio. Un poco más adelante podrás encender una vela y hacer una ofrenda. Te impresionará la riqueza de los exvotos de plata y los reflejos de los iconos dorados que rodean el altar, donde destaca un mosaico que representa a la Virgen María (*Theotokos* en griego).

Firketeci Sokak 1, Vader▪€ (donación)▪Autobús: 35D

Mezquita del Sultán Selim Yavuz

3 Una de las mezquitas imperiales más antiguas de Estambul está dedicada al sultán Selim Yavuz (Yavuz Sultan Selim Camii), padre de Solimán el Magnífico y gobernante muy activo en la conquista de nuevos territorios. La importancia de la mezquita se puede ver en su ambiciosa arquitectura. Comienza tu visita en el patio al aire libre. Observa los diseños de luna creciente entrelazados en los azulejos de İznik, que embellecen cada pórtico individual con un patrón diferente. En el interior, las paredes de la mezquita están completamente cubiertas con piedra pulida original de la época y artefactos de madera adornados con incrustaciones de nácar. Para coronar el conjunto, en el lado sur se encuentran los jardines que dominan el Cuerno de Oro y albergan dos tumbas octogonales. Una, coronada por una cúpula labrada, es la de Selim I, la otra alberga a cuatro de los hijos de Solimán.

Sultan Selim Caddesi▪ Cerrado durante los momentos de oración • Autobuses: 35D, 36A, 90

La imponente cúpula de la Mezquita del Sultán Selim Yavuz.

Los patriarcas ortodoxos discuten cuestiones de fe en la Iglesia de San Jorge.

Iglesia Patriarcal Ortodoxa Griega de San Jorge

④ La Iglesia Patriarcal de San Jorge (Aya Yorgi) se levanta en tres pisos y es la sede del anciano patriarca que preside a los más de 200 millones de fieles ortodoxos griegos en todo el mundo. Pasando por el patio sombreado, entra para encender una vela en el vestíbulo: el candelabro de nogal con incrustaciones de marfil data del siglo XVII. Enfrente hay pinturas de San Jorge (el gran mártir de la fe ortodoxa griega) matando al dragón. Atraviesa la pequeña puerta situada junto a las velas para llegar a la nave de la iglesia, envuelta en silencio y humo de incienso. Los candelabros iluminan en la penumbra. Algunos de los iconos brillantes que recubren las paredes interiores son anteriores a los ya notables frescos de **Santa Sofía** (Ayasofya Camii; ver págs. 60-61) y **la Iglesia de Cora** (Kariye Camii; ver págs. 98-99). Cerca del suntuoso iconostasio, enteramente revestido de oro, se conserva un fragmento negro de la

Columna de la Flagelación, que se cree que es la columna original a la que Cristo fue atado antes de la crucifixión. En la parte trasera de la iglesia se puede ver el trono de mármol del patriarca, de 4 m de altura y construido en nogal con incrustaciones de marfil y nácar.

Dr. Sadık Ahmet Caddesi 19▪0212 531 9670▪Autobuses: 35D, 48E, 55T, 99A▪patriarchate.org

Sinagoga Ahrida

5 El paseo desde la **Iglesia Patriarcal Ortodoxa Griega de San Jorge** hasta la Sinagoga Ahrida (Ahrida Sinagogu) pasa por el corazón de Fener, una encantadora red de calles estrechas y adoquinadas con casas de madera ligeramente decadentes y pintadas de colores brillantes. A lo largo del camino, Vodina Caddesi se abre a veces a la derecha para revelar las antiguas murallas y el Cuerno de Oro. Puedes visitar la Sinagoga Ahrida *(por las mañanas entre semana)* solo con autorización previa de la comunidad judía turca de Estambul. En el interior, un altar en forma de arca domina el espacio central.

Kürkçü Çeşmesi Sokak▪Autobuses: 35D, 48E, 55T, 99A▪turkyahudileri.com

Iglesia de San Salvador de Cora

6 (ver págs. 98-99)

Kariye Camii Sokak 18▪0212 631 9241▪Cerrado el vi.▪Autobuses: 28, 31, 36A, 37, 39D, 87▪muze.gen.tr

El Arca Sagrada de la Sinagoga Ahrida conserva los rollos de la Torá.

Recinto amurallado

7 Las murallas de Estambul fueron construidas por el emperador Teodosio en el año 413 d. C., justo a tiempo para evitar que Atila el Huno asaltara la ciudad. Las 96 torres defensivas todavía se extienden desde el Mar de Mármara hasta el Cuerno de Oro. Camina por las murallas y sube a algunas torres, pero bajo tu propia responsabilidad: las vistas son notables pero el estado de ruina y la ausencia de barandillas exigen cierta atención por parte de los transeúntes. Ten en cuenta también que las murallas atraviesan uno de los barrios más deteriorados de Estambul.

Camina desde la Puerta de Edirnekapi hasta la Puerta de Ayvansaray. Justo detrás de la colina verás la **Mezquita del Sultán Mihrimah** (Mihrimah Sultan Camii), la segunda mezquita dedicada a la hija favorita del sultán Solimán (para la primera, ver la pág. 163).

(para la primera, ver la pág. 163).

Una parte de las murallas de la ciudad bizantina, cerca de la puerta de Edirnekapı.

EL SUR DEL CUERNO DE ORO

Camina cuesta abajo durante diez minutos para llegar a la fachada del **Palacio de Constantino Porfirogéneta** (Tekfur Sarayı). Un ejemplo de arquitectura imperial bizantina, tras décadas de abandono ha sido minuciosamente restaurado y actualmente alberga un museo dedicado a la cerámica antigua. (*Şişhane Caddesi, 0212 525 6130, cerrado el lunes, €, tekfursarayi.istanbul*). En otros diez minutos, un breve desvío hacia el este por Eğrikapı Caddesi y luego hacia el norte por Dervişzade Sokak, que conduce a la **Mezquita İvaz Efendi** (Kazasker İvaz Efendi Camii), cuyo *mihrab* (el nicho en dirección a la cual se encuentra La Meca) está decorado con finos azulejos İznik. El itinerario finaliza al pie de los diques (ver págs. 70-71), que no bastaron para detener los buques de guerra de Mehmed II.

Hoca Çakır Caddesi • Autobuses: 35D, 48E, 55T, 99A

Eyüp

⑧ Fácilmente accesible en teleférico (Piyerloti Teleferik; €), el punto más alto de este barrio es donde el autor francés Pierre Loti (que da nombre a la colina y al funicular) buscó inspiración con el Cuerno de Oro a lo lejos. Camina cuesta abajo desde el mirador hasta la **Mezquita Eyüp** (Eyüp Sultan Camii, *Kalenderhane Caddesi 12*). El barrio toma su nombre de Eyüp, un amigo del profeta Mahoma que cayó mientras sostenía la bandera islámica durante el primer asedio árabe a Constantinopla. Su tumba sigue siendo hoy un lugar de peregrinación. Observa, encima de la puerta, las inscripciones doradas en árabe que narran las hazañas de Eyüp. De camino a la mezquita se pasa por el pintoresco cementerio musulmán y luego se baja hacia el Cuerno de Oro. Disfruta de la vista.

İdris Köşkü Caddesi & Türbe Sokak • Funicular: Eyüp

DÓNDE **COMER**

■ **EVIN PASTA** Aquí podrás degustar los mejores productos horneados de la zona: prueba el *börek* al queso y postres turcos como *baklava* o *sütlaç*. **Vodina Caddesi 47/A, 0212 514 6151, €**

■ **KAFFA MIRO** Espléndido jardín interior donde podrás disfrutar de un desayuno de especialidades turcas, como *gözleme, kofte* o *mantı*. **Vodina Caddesi 39/A, 0535 248 5900, €, kaffamiro.com**

■ **CUMBAL KAHVE** Inaugurada en 2015, es una cafetería que cuida mucho la calidad del producto, con variedades de todo el mundo. Solo para verdaderos entendidos. **Kürkçü Çeşmesi Sokak 10, 0539 415 8080, €, cumbalikahve.com**

Iglesia de San Salvador de Cora

El descubrimiento de antiguos frescos y mosaicos hace menos de un siglo puso a este edificio, poco conocido, en el centro de atención.

Las escenas representadas en los frescos de San Salvador de Cora son muy realistas para su época.

Cuando la Iglesia de San Salvador de Cora se transformó en mezquita en 1511, la conversión requirió que los antiguos frescos y mosaicos fueran cubiertos con yeso. Este revestimiento protegió las obras hasta que fueron descubiertas y restauradas hace 70 años. Hoy la historia se repite: al igual que Santa Sofía, San Salvador de Cora vuelve a ser un lugar de culto islámico desde 2020 (Kariye Camii), y es incierto el futuro de las obras maestras que alberga, entre los testimonios más fascinantes del arte musivo bizantino.

Historias de la Biblia

La entrada principal de la iglesia conduce al atrio exterior. Desde aquí se pueden admirar los frescos con historias del Nuevo Testamento: desde **el viaje de José a Belén** (uno de los episodios de **Historia de la Natividad**) hasta **la historia de Juan Bautista**. No olvides observar, encima de la entrada principal, el mosaico que representa los **Milagros de Cristo**. Encontrarás los milagros de la transformación del agua en vino y la multiplicación de los panes y los peces.

San Pedro y San Pablo

Continúa hacia el atrio interno, que corre paralelo al atrio externo, pero es más pequeño y evocador. Las vidas de los apóstoles Pedro (con las llaves del Paraíso) y Pablo (la bendición) están representadas en dos paneles opuestos que conducen a las naves.

Camina para ver una representación del Cristo Pantocrátor y la Virgen, pintada en el arco sobre la entrada. Mira de cerca al Niño Jesús en el medallón que lleva María, se dice que simboliza el hecho de que los pechos de María son más grandes que el universo. Más adelante, en el atrio

exterior, se narran en tres hornacinas episodios de la vida de María.

Pasos celestiales

Al entrar en la nave, gira inmediatamente para admirar la **Dormición de la Virgen** (Tránsito de María) encima de la entrada; una mezcla de oro y azul añade notas de color inusuales. Como muestra de respeto hacia su madre, en el fresco Cristo sostiene a un niño que representa el alma de María. La cúpula dorada representa la **Genealogía de Cristo** a través de 24 de sus antepasados.

Muerte y resurrección

Otros frescos que representan la milagrosa resurrección de Cristo se encuentran en la capilla lateral. **Pareclesión**, unos pasos al sur.

CUERNO DE ORO DEL SUR

Kariye Camii Sokak 18 • 0212 631 9241•Cerrado el vi. • Autobuses: 28, 31, 36A, 37, 39D, 87 • muze. gen.tr

Estambul bizantina

Durante 1.000 años la ciudad, ahora conocida como Estambul, fue conocida como Constantinopla, la ciudad más grande del mundo cristiano y capital del Imperio Bizantino. La ciudad fue fundada y tomó su nombre del emperador romano Constantino el Grande, quien la convirtió en la capital del Imperio Romano de Oriente. Hoy en día, el espíritu de la parte oriental de este imperio perdido sigue vivo gracias a su impresionante patrimonio de arte y arquitectura.

Misa dominical en la Iglesia Patriarcal Ortodoxa Griega de San Jorge. Página opuesta: los emperadores Constantino y Justiniano flanquean a la Virgen y el Niño en un mosaico de Santa Sofía.

Raíces romanas

El Imperio Bizantino fue la continuación del antiguo Imperio Romano. Después de la caída de la ciudad de Roma, debido a las invasiones bárbaras del 476 d. C., los emperadores de Constantinopla se consideraban a todos los efectos los sucesores de las glorias romanas. Pero ya en la época del emperador Justiniano, que gobernó entre 527 y 565, el Imperio Romano de Oriente había evolucionado hacia algo más: el griego se había establecido como lengua oficial en lugar del latín, la sociedad y la cultura estaban dominadas por la Iglesia cristiana y el gobierno había sido influenciado por modelos asiáticos, donde los gobernantes se inclinaban hacia posiciones de poder vinculadas al misticismo, rituales elaborados y suntuosas demostraciones de riqueza.

Santa Sofía

Para hacerse una idea del tamaño y la magnificencia del Imperio Bizantino, basta con mirar uno de los edificios más famosos de la ciudad, la actual Mezquita de **Santa Sofía** (Ayasofya Camii; ver págs. 60-61). Construida bajo Justiniano en el año 537 d. C. y embellecida durante los siglos siguientes, la iglesia era, con diferencia, la más grande del mundo en ese momento. Representaba la pretensión de Constantinopla de sustituir a Roma como centro del cristianismo. Los valiosos materiales utilizados en su construcción procedían de todos los rincones del imperio: de Egipto y Siria, así como de los territorios de las actuales Turquía y Grecia.

Grandeza del palacio

Hoy en día, poco queda del complejo palaciego desde el que gobernaron los emperadores bizantinos. Sin embargo, es posible hacerse una idea de su tamaño gracias a las imponentes proporciones de la **Cisterna**

LAS **FECHAS**

527-565 El imperio de Justiniano pasa del romano al bizantino.

674-678 Los árabes asedian Constantinopla.

726-842 Las autoridades bizantinas prohíben los iconos.

867 Basilio I funda la dinastía macedonia.

1071 El ejército bizantino sufre la derrota ante los turcos en la batalla de Manzikert.

1081 Alejo I fundó la dinastía de los Comneno.

1204 Constantinopla es sitiada en la Cuarta Cruzada.

1453 Constantinopla cae en manos de los turcos, fin del Imperio Bizantino.

San Pablo retratado en un mosaico en la Iglesia de Cora. Mientras bendice con la mano derecha, con la izquierda sostiene un Evangelio. Página opuesta: La toma de Constantinopla en 1204, por Tintoretto.

Basílica (Yerebatan Sarnarcı; ver págs. 56-57) que proporcionaba el suministro de agua. El suelo de mosaico, conservado en el **Museo del Mosaico del Gran Palacio** (Büyük Saray Mozaikleri Müzesi; ver p. 71), transmite bien una idea de su estilo de decoración, más cercano al arte romano que al bizantino. Frente al palacio se encontraba el **Hipódromo** (ver pág. 70), un popular centro de entretenimiento donde se celebraban carreras de caballos y carros. Estos acontecimientos despertaron el apasionado interés de los ciudadanos y, en el año 532 d. C., el Hipódromo fue el escenario de la Revuelta de Nika, el peor desorden civil de la historia bizantina. Los partidarios de las facciones rivales (una hostil y otra partidaria del emperador) entablaron combates que destruyeron gran parte de la ciudad y provocaron la muerte de más de 30 000 personas. La forma del Hipódromo es visible desde los jardines de Sultanahmet Meydanı.

Próspera ciudad cultural

Los primeros siglos del Imperio Bizantino fueron una época de dificultades. Los bizantinos estaban amenazados por numerosos enemigos, entre ellos los persas, los búlgaros y, sobre todo, los temibles árabes. Inspirados por la nueva fe islámica, los ejércitos árabes sitiaron Constantinopla. A pesar del fallido intento de penetrar las murallas de Teodosio, los musulmanes conquistaron los territorios del norte de África y el Mediterráneo oriental, sacándolos así del control comercial del Imperio Bizantino. Los asuntos internos del imperio eran igualmente convulsos. La vida política bizantina era conocida por sus feroces intrigas e inestabilidad. Muchos emperadores murieron violentamente, algunos en guerras transfronterizas, pero la mayoría a manos de rivales internos. Sin embargo, contra todo pronóstico,

Constantinopla floreció. Convertida en una de las ciudades más prósperas del mundo, a partir del siglo IX se enriqueció con una serie de iglesias, nuevas o renovadas, decoradas por los mejores artistas con mosaicos resplandecientes. Muchos de estos edificios han quedado casi irreconocibles por su transformación en mezquitas, pero la verdadera gloria de este apogeo del arte bizantino se conserva en los mosaicos de Santa Sofía, en su mayoría datados entre los siglos IX y XIII, y en el interior de la Iglesia de San Salvador de Cora (Kariye Camii; ver págs. 98-99).

El inevitable declive

En el Imperio Bizantino, el asombroso florecimiento del arte no correspondía a la buena fortuna en el campo militar. Después de un periodo de dominación bajo la dinastía Macedonia (867-1081), los bizantinos sufrieron la presión de los turcos musulmanes que avanzaban desde Asia. La caída fue acelerada por los cristianos occidentales. De hecho, a partir de 1099, las Cruzadas llevaron a los ejércitos de Europa occidental al Mediterráneo oriental. Aunque teóricamente los cruzados eran aliados de los bizantinos contra los musulmanes, en la práctica nunca hubo concordia entre los cristianos católicos, que reconocían al Papa en Roma, y los ortodoxos de Constantinopla. En 1204, los guerreros de la Cuarta Cruzada decidieron que la riqueza de la ciudad era más atractiva que luchar contra el Islam. Saquearon Constantinopla y le robaron un botín considerable. El Imperio Bizantino nunca se recuperó del golpe y se empobreció hasta que sucumbió ante los turcos otomanos en 1453 (ver págs. 66-69), desapareciendo de la historia.

Museos otomanos

La cultura otomana abunda en todas las mezquitas y museos de Estambul, sobre todo entre las elaboradas reliquias que se encuentran en el Palacio de Topkapi (Topkapı Sarayı; ver págs. 62-65). De este modo, la historia turca está efectivamente representada en una serie de galerías y museos fuera de lo común.

■ Panorama 1453

Ubicado dentro del Parque Cultural Topkapı en la zona sur del Cuerno de Oro, Panorama 1453 (Panorama 1453 Tarih) detalla la preparación, el ataque y la invasión de Constantinopla por los turcos otomanos en el siglo xv. Grandes lienzos colgados en orden cronológico permiten a los visitantes pasear por los acontecimientos históricos. Perfectamente ubicado, el sitio se encuentra a pocos pasos de donde se rompieron las murallas de la ciudad hace 550 años.

Parque Topkapı Kültür • 0212 415 1453 • €€ •
Metro: Topkapı •panoramikmuze.com

■ Museo de arte turco e islámico

Al entrar en el Museo de Arte Turco e Islámico (Türk ve İslam Eserleri Müzesi) se pueden admirar las escaleras originales del Hipódromo (ver pág. 70), desde donde se observaban las carreras de aurigas. El museo está ubicado en un suntuoso palacio otomano construido a principios del siglo xvi para Pargı İbrahim Paşa, amigo de la infancia y colaborador político (como Gran Visir) del Sultán Solimán el Magnífico. Sube las escaleras para acceder a una amplia terraza con vistas a la **Mezquita Azul** (Sultan Ahmet Camii, ver págs. 54-55). Además de sus colecciones de alfombras antiguas (consideradas entre las mejores del mundo), el museo también destaca por sus obras de arte. Las preciosas piezas expuestas incluyen objetos de vidrio, artefactos de piedra y terracota, objetos de metal y cerámica. También se pueden admirar raros ejemplos de caligrafía islámica, incluidos poemas en pergaminos escritos por los propios sultanes. Un gran sector está dedicado a la colección etnográfica, que refleja la vida cotidiana del Estambul del siglo xix.

En Meydanı Sokak 12 • 0212 518 1805 • €€ •
Tranvía: Sultanahmet

Alfombras turcas colgadas en el Gran Salón Ceremonial del Museo de Arte Turco e Islámico.

■ PABELLÓN DE LOS AZULEJOS

El refinado Pabellón de los Azulejos (Çinili Köşk Müzesi), del siglo XV, es uno de los edificios más antiguos que se conservan en Estambul y forma parte de la exposición de **Museos Arqueológicos de Estambul** (İstanbul Arkeoloji Müzeleri; ver págs. 58-59). Las galerías ofrecen una descripción detallada de la historia de la cerámica de Turquía, con ejemplos de los mejores fabricantes de Kütahya, İznik y Selçuk.

Osman Hamdi Bey Yokuşu Sokak • 0212 520 7740 • €€ • Tranvía: Gülhane • muze.gov.tr

■ MUSEO DE HISTORIA DE LA CIENCIA Y LA TECNOLOGÍA EN EL ISLAM

Inaugurado en 2008, el museo (İslam Bilim ve Teknoloji Tarihi Müzesi) muestra dispositivos e instrumentos inventados por científicos islámicos entre los siglos IX y XVI. Las 12 secciones en las que se divide abarcan desde la astronomía hasta la medicina y la física, ofreciendo una visión general del avance de la cultura material del mundo islámico previo al encuentro con Occidente.

Alemdar Caddesi • 0212 528 8065 • € • Tranvía: Gülhane • muze.gov.tr

latitude   41.025292   north
longitude   28.979229   east

Gálata y Karaköy

Dos de los barrios más animados y de moda, Gálata y Karaköy, se encuentran en la parte europea de Beyoğlu. Las calles están llenas de numerosos bazares pop, artesanos de moda y *boutiques* elegantes. La atmósfera creativa está influenciada por el resplandeciente Museo de Arte Contemporáneo SALT Galata y la Galería Moderna de Estambul. El marcado crecimiento de Gálata continúa desde hace una década: de hecho, desde 2013 los prodigiosos artistas comenzaron a modernizar los antiguos almacenes del distrito de Karaköy. En realidad los barrios han conservado parte de su antigua peculiaridad. Gira una esquina y te encontrarás con un lugar donde se venden herramientas, un restaurante frecuentado solo por trabajadores o un monumento, como la Mezquita Yeraltı. Aquí, la variedad garantiza una experiencia alejada del turismo habitual.

◀ **El café tostado a mano y los *brunch* veganos son habituales en las cafeterías más modernas del paseo marítimo de Karaköy.**

GÁLATA Y KARAKÖY

Gálata y Karaköy

Sumérgete en la cultura local, desde los Derviches Giratorios hasta los cafés shisha y las excelentes ofertas de arte contemporáneo.

GÁLATA Y KARAKÖY

❶ Teatro de los Derviches Giratorios
(ver pág. 110) Descubre los derviches y su historia. Dirígete hacia el sur por Galip Dede Caddesi, una pequeña y característica calle que tradicionalmente alberga tiendas de instrumentos musicales.

❷ Torre de Gálata
(ver págs. 110-111) Sube a la torre para disfrutar de vistas incomparables del Cuerno de Oro y el Bósforo. Continúa hacia el sur por Galata Kulesi Sokak.

Mapa:
- Tünel
- Şişhane
- REFIK SAYDAM CAD.
- YOLCUZADE İSKENDER CAD.
- BÜYÜK HENDEK CAD.
- HELIK BELEDIYE CAD.
- GALIP DEDE CAD.
- SEDARI EKREM CAD.
- OKCU MUSA CAD.
- ŞAIR ZIYA PAŞA CAD.
- YANIKKAPI SK.
- ATATÜRK KÖPRÜSÜ
- TERSANE CAD.
- LÜLECİ HENDEK CAD.
- KEMERALTI CAD.
- NECATIBEY CAD.
- **1** Teatro de los Derviches Giratorios (Galata Mevlevihanesi)
- **2** Torre de Gálata (Galata Kulesi)
- **3** Escalera de Kamondo (Kamondo Merdivenleri)
- **4** SALT Galata
- **5** Puente de Gálata (Galata Köprüsü)
- **6** Mezquita Yeraltı (Yeraltı Camii)
- Karaköy
- Haliç
- FERMENECİLER CAD.
- TERSANE CAD.

Haliç (Cuerno de Oro)

| 0 | 200 metros |
| 0 | 200 yardas |

❸ Escalera de Kamondo (ver págs. 111-112) Admira la forma de la escalera *art nouveau*. Cruza Bankalar Caddesi, con sus edificios bancarios rococó, y avanza una manzana hacia el este.

❹ SALT Galata (ver págs. 112-113) Escoge entre el arte contemporáneo o la historia bancaria otomana, o ambas, antes de caminar hacia el este por Bankalar Caddesi y luego hacia el sur por Kemeraltı Caddesi, hacia el Cuerno de Oro.

**GÁLATA Y KARAKÖY   LONGITUD: 5 KM
DURACIÓN: 8 HORAS APROXIMADAMENTE   PARADA DE METRO DE SALIDA: ŞİŞHANE**

8 Istanbul Modern
(ver págs. 116 y 117) **Déjate cautivar por el arte turco del siglo xx en esta galería a la vanguardia, junto al muelle.**

7 Tophane (ver págs. 114-115) Disfruta del ambiente en uno de los muchos cafés donde se sirve narguile. Pasea hacia el este por Meclis-i Mebusan Caddesi.

6 Mezquita Yeraltı (ver pág. 114) Explora el único lugar de culto subterráneo de la ciudad. Experimenta los animados pasajes de Karaköy, en dirección este por Necatibey, Mumhane o Kemankes Caddesi.

5 Puente de Gálata (ver pág. 113) Camina entre ambos pisos de esta vía de la ciudad, luego regresa por Kemeraltı Caddesi, gira hacia el este hacia Gümrük Sokak y luego hacia el sur hacia Karantina Sokak.

TURISTAS **INFORMADOS**

El espectáculo semanal en el Teatro de los Derviches Giratorios *(domingo a las 18:00h, €€€€)* es una **ceremonia sema**. Las entradas están a la venta en la entrada del museo la mañana del evento. Llega temprano porque los espectáculos casi siempre están agotados. Si no puedes asistir, la compañía de bailarines Galata Mevlevileri también está en el escenario del **Centro Cultural Hodjapasha** *(Ankara Caddesi, Hocapaşa Hamam Sokak 3B, 0212 511 4626, €€€€, hodjapasha.com)* cerca de la **Estación de tren de Sirkeci** (ver pág. 77). Hay espectáculos casi todas las noches, pero consulta la web ya que los horarios y los días pueden variar.

Teatro de los Derviches Giratorios

1 El Teatro de los Derviches Giratorios (Galata Mevlevihanesi) fue fundado en 1491 como centro religioso para los derviches *(mevlevi)* – musulmanes sufíes que buscan la unión espiritual con Dios a través de un tipo de danza llamada *sema*. Hoy el complejo es un museo dedicado a la historia de la orden Mevlevi. El patio sombreado del museo está repleto de lápidas, incluida (a la izquierda al acercarse) la del líder espiritual y poeta del siglo XVII Galip Dede. Los jardines también están custodiados por una amigable colonia de gatos. La pieza central del museo es la sala octogonal *(semahane)*, donde se celebran ceremonias derviches todos los domingos por la noche. Alrededor de *semahane* se desarrollan las salas en las que se exponen las muestras de la colección del museo, centrándose en la vida y tradiciones de los derviches. También verás una exhibición de sombreros y vestidos utilizados durante los espectáculos.

Galip Dede Caddesi 15 • 0212 245 4141 • Cerrado el lu. • € • Tranvía: Tünel • muze.gov.tr

Torre de Gálata

2 Con 62 m de altura, la Torre de Gálata (Galata KulesiMüzesi) es sin duda el símbolo del barrio. Construido por la comunidad genovesa de Estambul en 1348, originalmente formaba parte del sistema de defensa de la ciudad. Desde entonces se ha adaptado a diferentes usos, desde un mirador de incendios hasta su actual uso panorámico y expositivo. A partir de 2020, el edificio se reorganizó como un complejo museístico de varias plantas, dedicado a la historia de Estambul. Toma el ascensor (que te llevará al sexto piso) o camina hasta el séptimo piso para observar el modelo a escala de la ciudad, luego continúa hasta el octavo para disfrutar de una vista increíble de Estambul desde la terraza panorámica de 360°. Desde aquí la vista se extiende sobre el **Palacio de Topkapi** (Topkapı Sarayı; ver págs. 62-65) y la **Mezquita Azul** (Sultán Ahmet Camii; ver págs. 54-55) a través del Bósforo y Asia.

Bereketzade, Galata Kulesi • 0212 249 0344 • €€€ • Tranvía: Tünel, Karaköy • muze.gov.tr

Escalera de Kamondo

Ubicada en las calles de Gálata, la Escalera de Kamondo (Kamondo Merdivenleri) es de estilo *art nouveau*. Fue encargada por el banquero judío Abraham Kamondo en 1860. Se dice que Kamondo pidió que se hicieran escalones divididos y curvos para evitar que sus hijos cayesen a Bankalar Caddesi (Avenida de los

La sinuosa Escalera de Kamondo.

Bancos), que se encuentra debajo. Admira la escalera que se balancea desde arriba y decide si creerlo. Luego lee las explicaciones cerca del edificio para conocer toda la historia. La escalera ha atraído a muchos fotógrafos, el más famoso es el francés Henri Cartier-Bresson, que tomó una fotografía icónica de ella en 1964.

Kart Çınar Sokak/Bankalar Caddesi • Tranvía: Karaköy

SALT Galata

4 En la antigua sede del Banco Nacional Otomano, la galería SALT Galata es un espacio sin ánimo de lucro dedicado a la cultura contemporánea. Cruza las puertas de madera pulida para entrar al interior revestido de mármol. Los magníficos frisos de las paredes a los lados de la escalera son un testimonio del opulento pasado de esta estructura, en la que la tradición se combina con elementos arquitectónicos de la vanguardia. A la izquierda, observa la pared de cristal de la biblioteca pública que contiene libros de historia sobre Estambul. Justo enfrente está situado el restaurante **Neolokal** *(0212 244 0016, cerrado domingos y lunes, €€€€, neolokal.com)* que, desde su apertura a finales de 2014, acumula un gran reconocimiento.

El espacio de tres niveles del atrio central de SALT Galata.

En el lado opuesto del restaurante se encuentra la librería internacional **Robinson Crusoe 389** *(0212 245 5439, cerrado lunes, rob389.com)* que vende libros de fotografía y diseño sobre Estambul. El SALT alberga un impresionante calendario de actuaciones temporales, normalmente celebradas en la planta subterránea. Las obras de arte expuestas pueden variar desde vídeos hasta fotografías. Consulta la web para conocer los próximos eventos. Dentro del complejo, el **Museo del Banco Otomano** (Osmanlı Bankası Müzesi; *0212 334 2200, cerrado el lunes, obmuze.com)* da testimonio del desempeño económico del imperio a través de muestras de billetes, certificados de crédito y cartas personales de los sultanes. Es mucho más interesante de lo que piensas, especialmente cuando te das cuenta de cómo los últimos gobernantes otomanos utilizaron la institución como una alcancía personal.

Bankalar Caddesi 11 • 0212 334 2200 • Cerrado el lu. • Tranvía: Karaköy • sallonline.org

Puente de Gálata

5 El Puente de Gálata (Galata Köprüsü) cruza la desembocadura del Cuerno de Oro (*Haliç* en turco) y conecta los barrios de Eminönü y **Sultanahmet** (ver págs. 50-65) con las zonas europeas de Gálata y Karaköy. El nivel superior del puente es un torbellino de coches, taxis y tranvías. No dudes en pasear por las amplias aceras donde se alinean los pescadores entre la carretera y el mar, y luego regresar por el nivel inferior. Los restaurantes y bares ocupan ambos lados del puente, pero si decides detenerte para comer o tomar un refresco, disfrutarás de las vistas del lado asiático de la ciudad al este y del Cuerno de Oro al oeste.

Kemeraltı Caddesi • Tranvía: Karaköy

DÓNDE **COMER**

■ **MÜKELLEF KARAKÖY**
Carnes, pescados y una amplia selección de *meze* (entrantes) en este refinado restaurante con espléndidas vistas al Bósforo y al Cuerno de Oro, a 3 minutos a pie del Puente de Gálata. **Maliye Caddesi 8A, 0212 243 0304, €, mukellefkarakoy.com**

■ **FASULI**
Como podrás imaginar por el nombre, se trata de un mesón especializado en cocina de legumbres, que se acompaña de una amplia selección de sabrosas especialidades turcas. **Kılıç Ali Paşa Caddesi 6, 0212 243 6580, €€€, fasuli.com**

■ **NAIF**
Este popular restaurante de Karaköy sirve platos turcos sencillos y contemporáneos, como albóndigas caseras rellenas de pollo y nueces (*mantı*) y otras especialidades. **Mumhane Caddesi 52, 0212 251 5335, €€**

GÁLATA Y KARAKÖY

Mezquita Yeralti

6 Originalmente una prisión bizantina, luego un arsenal militar, hoy la Mezquita Yeralti (Yeralti Camii) es un lugar de culto subterráneo – *yeraltı* en turco significa subterráneo. Al entrar al nivel de la calle, se baja una pequeña escalera. Una vez dentro, se nota la diferencia con otras mezquitas. Si bien el culto normalmente tiene lugar en una única sala grande, el espacio aquí está dividido en nichos de oración individuales separados por grandes columnas rectangulares. El efecto es crear un laberinto de pasajes entre luces y sombras. Dirígete a la parte trasera de la mezquita para ver, bañadas en una luz verdosa, las tumbas de cristal de dos mártires asesinados durante el asedio musulmán de Constantinopla en el siglo VII.

Kemankeş Caddesi • Cerrado el vi. y en los momentos de oración • Tranvía: Karaköy

Tophane

7 La zona industrial otomana más antigua (que data de la segunda mitad del siglo XV) tiene una conexión especial con el mar. Situado a orillas del Bósforo, su principal monumento es la **Mezquita Kılıç Ali Paşa** (Kılıç Ali Paşa Camii), encargada por el célebre Uluç Alì, un esclavo de origen calabrés que llegó a ser Gran Almirante otomano. Construida a la orilla del mar hacia 1580, con el progresivo enterramiento del litoral ahora está completamente rodeada por otros edificios y forma parte de un complejo que incluye una madrasa y el hammam del mismo nombre *(Hamam Sokak 1, 0212 393 8010, €€€€)*, todo obra del gran arquitecto Mimar Sinan. Unos pasos hacia el este se encuentra la **Mezquita Nusretiye** (Nusretiye Camii) del siglo XIX, diseñada por el arquitecto armenio Kriko Balyan, la primera de cinco generaciones de arquitectos otomanos que dieron forma al

UNA **CURIOSIDAD**

Durante el periodo bizantino, cuando la ciudad estaba sitiada, una pesada cadena cerraba el Cuerno de Oro para impedir que los barcos enemigos entraran en la bahía. Se dice que, en el lado norte, la cadena estaba unida al antiguo edificio que ahora es la Mezquita Yeralti.

Relájate jugando al backgammon en un bar de narguile en Tophane.

horizonte de Estambul. Caminando entre las dos mezquitas, no te puedes perder la enorme **Fuente Tophane**, del siglo xvii, con sus complejas superficies talladas. Continúa por el barrio visitando tantas galerías de arte como desees (ver págs. 122 y 123). Entre los entendidos se encuentra el industrial **Mixer** (ver pág. 122), parte del complejo Juma Karakoy (*Mumhane Caddesi 52; juma.com*), que también alberga otra prestigiosa galería de arte, **x-ist** (*0212 291 7784; artxist.com; cerrado domingos y lunes*).

Kemeraltı Caddesi ▪ Tranvía: Tophane

Istanbul Modern

8 Ver págs. 116-117.

Tophane Iskele Caddesi 1 ▪ 0212 334 7300 ▪ Tranvía: Tophane ▪ estambulmodern.org

Istanbul Modern

*Cien años de arte turco en uno de los espacios
más innovadores de la ciudad.*

Arte turco contemporáneo contado a niños en el Istanbul Modern.

Originalmente ubicado a orillas del Bósforo en los espacios de un almacén comercial reformado de los años 50, alberga una galería excepcional que se ubica como el mejor sitio de arte moderno de Estambul. Cuando la galería abrió sus puertas en 2004, fue la primera vez que el arte turco del siglo xx entró de forma tan masiva en la ciudad. Visita sus impresionantes salas para realizar un itinerario completo por la historia del arte turco contemporáneo y aprovecha las tablets interactivas repartidas por todo el museo para aprender más sobre las obras expuestas.

■ Un siglo de arte turco

La planta principal de la galería alberga **Pasado y Presente**, una exposición permanente de arte turco del siglo XX. Se exponen alrededor de 200 obras de la colección, agrupadas en orden cronológico. Busca interpretaciones turcas de los grandes movimientos del arte moderno, el impresionismo de **İbrahim Çallı** y el cubismo de **Nurullah Berk** y **Bedri Rahmi Eyüboğlu**. Las obras posteriores de **Burhan Doğançay**, **Ömer Uluç** y **Adnan Çoker**, entre otros, están inspiradas en el arte y la arquitectura islámicos.

■ Creaciones visionarias

A partir de 1970 las obras de arte expuestas se volvieron cada vez más diversas. El vídeo «**Headless Woman or the Belly Dance**» («**La mujer sin cabeza o la danza del vientre**») de Nil Yalter es un bucle en un pequeño nicho. La película muestra el estómago de la artista mientras escribe un poema sobre él y baila, y fue la primera obra de videoarte exhibida en Turquía. En una sala cercana, el documental de Kutluğ Ataman «Women Who Wear Wigs» («**Mujeres que usan pelucas**») es igualmente vanguardista.

■ Ilusiones ópticas del arte

Toma la escalera de cristal y metal que conduce a la planta más baja del museo. La escalera, titulada «**Escalera al infierno**», es ya una obra de arte en sí misma, diseñada por la italiana Monica Bonvicini. La planta baja alberga exposiciones temporales y un cine de autor que proyecta películas internacionales. De los espacios, uno siempre está dedicado a exposiciones fotográficas y recientemente se exhibieron imágenes de los vastos archivos Magnum. También hay una biblioteca y, junto a ella, el intrigante «**False Ceiling**» («**falso techo**») del artista inglés Richard Wentworth. Esta instalación permanente consta de varios cientos de libros, de las culturas oriental y occidental, suspendidos del techo.

GÁLATA Y KARAKÖY

Tophane Iskele Caddesi 1 • 0212 334 7300 • Tranvía: Tophane • estambulmodern.org

La mesa turca

La comida turca es de origen local y de temporada. Los ingredientes más frescos se cosechan en el vasto territorio del país, con campos fértiles en el este, huertos montañosos en el oeste y miles de kilómetros de costa en el Mar Negro, el Egeo y el Mediterráneo. Al optar por almorzar en un restaurante obrero o disfrutar de una comida exclusiva compartiendo platos de *meze*, los visitantes que quieran disfrutar de la vida siempre se sentirán cómodos en Estambul.

Levzine, postre tradicional otomano de almendras y miel. Página opuesta: un desayuno típico turco.

Recuerdos otomanos

Durante muchos siglos, los chefs otomanos se inspiraron en tres continentes, gracias a las fronteras del imperio que incluían el norte de África, Europa del Este y todo Oriente Medio. En el apogeo del gobierno, más de 1.000 cocineros preparaban delicias exóticas para el sultán y su familia en las cocinas del faraónico **Palacio de Topkapi** (Topkapı Sarayı; ver págs. 62-65). Los mejores lugares en Estambul para probar estas recetas antiguas hoy en día incluyen los restaurantes **Matbah** (*Caferiye Sokak 6/1, 0212 514 6151, €€-€€€, matbah restaurant.com*), en Sultanahmet, y **Feriye Lokantası** (*Çırağan Caddesi 44, 0212 227 2217 , €€-€€€, feriye.com*) en Ortaköy (distritos del Bósforo y Nişantaşi).

Desayuno de campeones

Para la mayoría de los turcos, el desayuno es casi un banquete. El desayuno turco tradicional (*kahvaltı*) consta de una selección de quesos locales, tomates, ensalada de pepino, aceitunas, pan, mermeladas caseras, bollería y té. En la mesa se suele ofrecer huevos revueltos mezclados con pulpa de tomate y pimientos *(menemen)* y crema de *kaymak* (preparada con leche de búfala).

Comer en los *meyhanes*

En toda Estambul se sirven cenas animadas en tabernas *(meyhanes)*. Estos modestos restaurantes ofrecen cenas de tres componentes: platos para compartir tipo tapas *(meze)*, pescado *(balık)* y una bebida alcohólica turca a base de anís, generalmente diluida con agua *(rakı)*. Rara vez te ofrecerán un menú para elegir. En su lugar, te mostrarán muchos platos del día, como el hinojo marino salteado con ajo o la ensalada de pulpo. Simplemente elige y entra. Espera bocados

EXCELENTES
DESAYUNOS

Aunque en el servicio de tu hotel siempre esté incluido un desayuno completo, regálate algo especial:

Van Kahvaltı Evi, en Beyoğlu, ofrece desayunos con productos del sureste de Turquía como queso con hierbas y tortitas de patata *(gözleme)*. **Defterdar Yokuşu 52, 0212 293 6437, €**

Cafe Privato, en Gálata, es frecuentado por los residentes por sus tortitas de miel y sus abundantes zumos. **Timarci Sokak 3, 0212 293 2055, €**

Hass Boregi **es un pastel tradicional relleno de queso, aceitunas verdes, nueces, yogur, cebollas verdes y estragón. Página opuesta: prácticamente cada barrio tiene su propia tienda que hace encurtidos.**

sabrosos, multitudes estridentes y un ambiente divertido en **Asmalı Cavit** *(Asmalımescit Caddesi 16/D, 0212 292 4950, €€)* y **Çukur Meyhane** *(Kartal Sokak 1/A, 0212 244 5575, €€)*, ambos en el barrio de Beyoğlu.

Recetas regionales

La cocina turca más moderna se centra en fuertes sabores regionales. Disfrutarás de pescado fresco y hierbas silvestres de la costa del Egeo o de platos más típicos de Oriente Próximo, como el hummus de la provincia sudoriental de Hatay. Otros platos habituales incluyen el cordero servido con puré de berenjena ahumada *(hünkar beğendi)* y berenjena rellena con tomates, cebollas y hierbas *(imam bayıldı)*. El lugar más auténtico para disfrutar de estas especialidades locales es un restaurante estilo cantina de trabajadores *(esnaf lokantası)*. Encontrarás dos en el barrio de Beyoğlu: prueba **Hayvore** *(Turnacıbaşı Sokak 4, 0212 245 7501, €, hayvore.com.tr)* para anchoas del Mar Negro con frijoles y pan de maíz, o dirígete a **Şahin Lokantasi** *(Orhan Adli Apaydin Sokak 11/A, 0212 244 2543, €)* para berenjenas rellenas *(karnıyarık)*.

Bebida cotidiana

Turquía se encuentra entre los países con el mayor consumo per cápita de té *(çay)* del mundo, y dondequiera que mires en Estambul verás niños de todas las edades sirviendo bandejas de té a los lugareños. Suelen beber té negro con mucho azúcar. El té ha ganado esta popularidad hace relativamente poco tiempo. En el apogeo del Imperio Otomano, el café era la bebida caliente preferida. El café turco siempre se sirve negro y hay que pedir azúcar antes de servirlo. Es una bebida restringida, similar en cantidad al café italiano. Otras bebidas turcas populares son el yogur salado *(ayran)*, el jugo de zanahoria roja y nabo *(şalgam)*, una bebida dulce hecha con raíces de orquídeas que se sirve caliente durante el invierno *(salep)*, y el aguardiente de anís local *(rakı)*. En toda la ciudad también hay innumerables vendedores dispuestos a saciar tu sed con jugos. Sus carros destacan porque están sobrecargados de naranjas y granadas.

El sabor del dulce

Los postres turcos van desde la dulce masa con capas de pistacho, mantequilla derretida y almíbar de azúcar *(baklava)* a las cremas y postres, como arroz con leche preparado con leche de búfala, horneado y condimentado con canela *(sütlaç)* o una mezcla de trigo, legumbres, frutos secos y nueces *(aşure)*. Si tu visita se realiza durante los meses más fríos, no te pierdas el postre de calabaza confitada *(kabak tatlısı)*.

Las galerias de arte

Istanbul Modern ha inculcado claramente el gusto por el arte contemporáneo en la ciudad. Las galerías establecidas han experimentado un renacimiento, mientras que han surgido otras nuevas en antiguas fábricas y almacenes. Hoy en día, las galerías están repartidas por todo Estambul y Tophane, junto con Beyoğlu, se ha convertido en un centro artístico de facto.

GÁLATA Y KARAKÖY

■ MIXER

Mixer, en el extremo norte del barrio de Karaköy, podría estar en el Lower East Side de Nueva York o en el Shoreditch de Londres. El nombre salpicado de amarillo sobre una fachada gris causa un gran impacto. El objetivo de Mixer, que se autodenomina un espacio de arte, en lugar de una galería, es apoyar la producción de arte y no simplemente venderlo. Espera un arte *underground,* de jóvenes artistas turcos, aplicado en todas las disciplinas.

Muhmane Caddesi 46-50 • 0212 243 5443 • Cerrado do., lu. y primer día de las principales festividades religiosas • Tranvía: Tophane • mezcladorarts.com

■ GALERI NEV

Fundada en 1987, Galeri Nev se ha consolidado a lo largo de los años como una verdadera institución entre las galerías, fundamental en el desarrollo del arte contemporáneo en Turquía, exhibiendo obras de las colecciones de instituciones como la Tate Modern, el British Museum y el Centro Pompidou. En los últimos años, a través de la colaboración con artistas jóvenes en ascenso, la galería ha promovido la diversidad en términos de técnica y contenido, y apoyado la visibilidad nacional e internacional de artistas representados de diferentes generaciones.

İstiklal Cadessi, Mısır Apartamento 163 • 0212 252 1525 • Cerrado el do. y lu. • Metro: Taksim • galerinevistanbul.com

■ GALERIST

Junto al **Museo Pera** (ver pag. 132) en el distrito de Beyoğlu, esta impresionante galería alberga obras de Nil Yalter, pionero del movimiento feminista francés de los años 1970, y de Hüseyin Bahri Alptekin, fallecido en

Inauguración de arte contemporáneo en Galeri Nev.

2007 y considerado uno de los artistas turcos contemporáneos más influyentes, por sus reflexiones sobre el capitalismo y la globalización. La galería también representa a Semiha Berksoy, una cantante de ópera turca que dejó una huella significativa en la escena de las artes visuales del país.

Meşrutiyet Caddesi 67/1 • 0212 252 1896 • Cerrado do. y lu. • Metro: Şişhane • galerist. com.tr

■ MILLÎ REASÜRANS ART GALLERY
Veterana del barrio de Nişantaşı, esta galería ha acogido más de 170 exposiciones en sus casi treinta años de historia. Las instalaciones de la galería han expuesto a un gran número de artistas turcos a lo largo de los años, con frecuentes excursiones a exponentes de la escena contemporánea internacional. Entre las exposiciones más recientes se encuentran las exposiciones individuales dedicadas a las elegantes fotografías del fotógrafo Saygun Dura y los grabados en madera de Hasan Kiran, influenciados por la tradición japonesa.

Maçka Caddesi 35 • 0212 230 1976 • Cerrado el do. y lu. • Metro: Osmanbey • miliresuranssanatgalerisi.com

El corazón de Beyoğlu

El distrito histórico de Beyoğlu es el centro cultural de Estambul, el epicentro del entretenimiento y el espectáculo. Ofrece las mismas opciones que una capital europea en cuanto a cafés, tiendas, iglesias y discotecas, hoy como hace siglos, cuando los venecianos y los holandeses primero, y los franceses y los ingleses después, establecieron sus embajadas en el barrio italiano. Aún sobreviven vestigios de la abundancia europea en el esplendor Belle Époque de muchos edificios del distrito, entre los que destaca el Hotel Pera Palace. Nada es más característico de Beyoğlu que la amplia avenida que la atraviesa: istiklal Caddesi está llena de restaurantes, centros comerciales, teatros y bares. Como si eso no fuera suficiente, las callejuelas de Beyoğlu están repletas de tiendas *vintage*, baños turcos, galerías eclécticas y museos originales.

◄ **Un tranvía antiguo transporta a residentes y turistas a lo largo de İstiklal Caddesi, la arteria del barrio.**

El corazón de Beyoğlu

Calles concurridas intercaladas con plazas con mercados y boutiques: esta es Estambul en su apogeo europeo.

7 **Mercado de pescado** (ver pág. 132) Explora los puestos de este animado mercado.
Luego regresa a İstiklal Caddesi y hacia el sur por Kallavi Sokak, después hacia el oeste por Meşrutiyet Caddesi. Finalmente continúa hacia el sur.

8 **Museo Pera** (ver pág. 132) Visita las salas de esta colección de arte privada. Luego continúa hacia el sur unos pocos pasos.

9 **Hotel Pera Palace** (ver pág. 133) Ve a la sala 101, que una vez fue la habitación de Atatürk y ahora es un pequeño museo. Vuelve a subir de nuevo İstiklal Caddesi y continúa hacia el sur dirección Tünel, la última manzana de la calle.

10 **Tünel** (ver pág. 133) Busca un bar en Asmalı Mescit para disfrutar de música en vivo y tomar una copa.

**EL CORAZÓN DE BEYOĞLU   LONGITUD: 4 KM
DURACIÓN: APROXIMADAMENTE 9 HORAS   SALIDA PARADA DE METRO: TAKSIM**

EL CORAZÓN DE BEYOĞLU

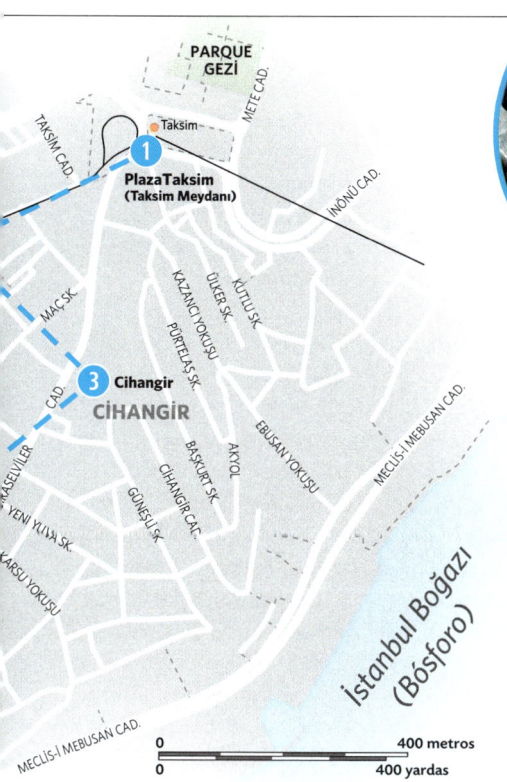

PARQUE
GEZİ

Taksim

PlazaTaksim
(Taksim Meydanı)

③ Cihangir

CİHANGİR

İstanbul Boğazı
(Bósforo)

0   400 metros
0   400 yardas

❶ Plaza Taksim (ver pág. 128) Admira el Monumento a la República de 11 m de altura en el centro de la plaza. Dirígete hacia el borde occidental de la explanada.

❷ İstiklal Caddesi (ver págs. 134-135) Explora esta animada calle antes de regresar a la mezquita Hüseyin Aga. Gira hacia Sadri Alışık Sokak en el lado opuesto y dirígete hacia el sur.

❸ Cihangir (ver págs. 128-129) Pasea entre cafés y *boutiques* al aire libre, detente para tomar un refresco o comprar algo de comida. Desde la Mezquita Firüzağa, camina hacia el oeste por Palaska Sokak y luego hacia el sur por Hüseyin Ağa Bahçe Sokak.

❻ Galería de las Flores (ver pág. 131) Disfruta de la decoración floral a la entrada del pasaje. Tómate un descanso en una de los locales del interior. Al salir, accede a la zona peatonal del Mercado del pescado.

❺ Çukurcuma (ver págs. 130-131) Busca lo antiguo y *vintage* en las calles alrededor de Faik Pasa Caddesi, antes de dirigirte hacia el norte por Turnacıbaşı Caddesi. Luego hacia el oeste İstiklal Caddesi.

❹ Museo de la Inocencia (ver págs. 129-130) Observa cómo la narrativa de Orhan Pamuk refleja el vecindario. Vuelve sobre tus pasos hasta Hüseyin Aga Bahçe Sokak y gira hacia el oeste por Çukurcuma Caddesi.

Plaza Taksim

1 La Plaza Taksim (Taksim Meydanı)) es la respuesta de Estambul a Times Square o Trafalgar Square. El nombre Taksim, de origen otomano, hace referencia al tanque de piedra octogonal situado cerca de la histórica terminal del tranvía. La **Galería de Arte de la República** (Taksim Sanat Cumhuriyet Galerisi; *cerrada por restauración*) alberga exposiciones temporales sobre la historia cultural de Estambul. En el centro se encuentra el **Monumento a la República** (Cumhuriyet Anıtı), encargado por Atatürk e inaugurado en 1928. Este soldado y estadista fundó la Turquía moderna en 1923 tras la caída del Imperio Otomano. Se le puede ver retratado como un comandante, y en el muro sur viste ropas occidentales que simbolizan sus reformas. A él está dedicado el **Centro Cultural Atatürk** (Atatürk Kültür Merkezi; *akmistanbul.gov. tr*), que cierra el lado este de la plaza. Reabierto en 2021, es un centro cultural muy moderno con teatro, sala de conciertos, librería y cine, además de varios espacios. Gira por el Parque Taksim (Taksim Gezi Parkı) hacia el norte. Aquí suelen comenzar las manifestaciones pacíficas a favor de los derechos laborales, humanos o de los homosexuales.

UNA **CURIOSIDAD**

Si miras de cerca, en todo Estambul verás pajareras adheridas a las fachadas de muchos edificios. Fabricadas en piedra, van desde las cajas más sencillas hasta miniaturas de casitas. Estos nichos se ven en todo tipo de edificios y fueron una característica arquitectónica distintiva en todo el Imperio Otomano. Intenta localizar el que está fuera del antiguo tanque de agua (Taksim Maksemi), en el lado oeste de la plaza Taksim.

TaksimMeydanı • Metro: Taksim

İstiklal Caddesi

2 Ver págs. 134-135.

İstiklal Caddesi • Metro: Taksim

Cihangir

3 Cihangir es probablemente el barrio más liberal y encantador de Estambul. El **Hammam Ağa** (AGA Hamamı; *Turnacıbaşı Caddesi 48, 0212 249 5027, €€€€, agahamami.com*) representa un caso ejemplar. Construido por Mehmed II en la segunda mitad del siglo XVI, está ubicado donde Turnacıbaşı Caddesi se cruza con Ağa Külhanı Sokak y ofrece baño para ambos sexos. El ambiente es agradable, también los estándares (y los precios) pueden ser más bajos que en el distrito turístico de Sultanahmet. Pasea por las calles al este de los baños, repletas de tiendas de antigüedades y bares de moda. Explora exclusivas tiendas de comida y vino turcas como **La Cave** (*Sıraselviler Caddesi 109, 0212 243 2405, lacavesarap.com*) y Kilye/Suvla Shop (*Lenger Sokak 2, 0212 245 5634*). Detente en **1 Kahve** (*Bakrac Sokak, de 19:00 a 22.30 h., €*) para tomar un vaso de limonada con menta. Siéntate fuera en la esquina de la calle arbolada. Antes de abandonar el barrio, no dejes de visitar la **Mezquita** verde **Firüzağa** (Firüzağa Camii; *Palaska Sokak*).

Cruce entre Firüzağa Camii Sokak y Defterdar Yokuşu • Metro: Taksim

Museo de la Inocencia

④ Inaugurado en 2012, el Museo de la Inocencia de Orhan Pamuk (Masumiyet Müzesi), basado en su novela del mismo nombre, es un tesoro *kitsch* de clase alta directamente de los años 70. En la novela, el rico ciudadano de Estambul, Kemal, se enamora del pobre Füsun, un primo lejano. Durante la atormentada historia que sigue,

Una de las vitrinas del Museo de la Inocencia contiene la «Tombala», un juego popular en las fiestas familiares.

Kemal recoge una infinidad de rastros que la conciernen, incluidas las 4.213 colillas de cigarrillos que se encuentran en el primer piso del museo. Cada uno de los cuatro pisos de la antigua casa familiar en Çukurcuma conserva vitrinas llenas de objetos: uno para cada uno de los 83 capítulos del libro. En «**Besos en los labios**» (vitrina 12), colgadas de cables hay figuras de jugadores de fútbol y estrellas de cine. En «**Los perritos**» (vitrina 65) contiene una colección de perros de porcelana en miniatura. Pamuk pasó años coleccionando objetos que lo inspiraron a escribir su historia sobre la alta sociedad de Estambul en ese momento.

Dalgıç Çıkmazı 2 • 0212 252 9738 • Cerrado el lu. y 1 de enero • €€€ • Metro: Taksim • masumiyetmuzesi.org

Çukurcuma

5 Si has disfrutado la visita al galardonado **Museo de la Inocencia** (ver arriba) te encantarán las tiendas de antigüedades que lo bordean, sobre todo porque aquí al menos se pueden comprar los productos expuestos. Este encantador barrio

Uno de los carritos de vendedores de chucherías que sueles encontrar en Çukurcuma.

está ubicado en una pequeña franja de calles al sur de Turnacıbaşı Caddesi y al oeste de Ağa Hamamı Sokak. Piérdete entre salones de té, talleres de restauración de muebles, tiendas de moda *vintage* y vendedores de frutas mientras avanzas hacia **İstiklal Caddesi** (ver págs. 134-135).

La pequeña **Mezquita Muhyiddin Molla Fenari** (Muhyiddin Molla Fenari Camii, también conocida como Mezquita Çukurcuma o Çukurcuma Camii; *Çukurcuma Caddesi 68*) es la arquitectura de madera típica de este barrio. Los edificios se vuelven más atrevidos y las tiendas de antigüedades más sofisticadas a medida que avanzas hacia el norte por Faik Pasa Caddesi hacia Turnacıbaşı Caddesi. Dentro de **Deform Muzik** (*Turnacıbaşı Caddesi 45, 0212 245 3337, deformmuzik.com*) encontrarás funk y soul turco e internacional de los años 70. El **Hammam Galatasaray** (Galatasaray Hamamı; ver pág. 28) es el acogedor baño turco del barrio.

Faik Paşa Caddesi y Turnacıbaşı Caddesi • Tranvía: Galatasaray

DÓNDE **COMER**

■ KARAKÖY ÖZSÜT
Este restaurante familiar sirve crema cuajada (*kaymak*) elaborada con miel, pan y leche de sus propias búfalas, además de sopas y otros platos. **İstiklal Caddesi 261, 0212 293 3031, €**

■ FICCIN
Este pequeño local es un clásico espacio de encuentro para comidas de negocios a solo unos pasos de İstiklal Caddesi. Entre los platos para probar, la sopa de yogur y el *mantı* con queso. **kallavi Sokak 13/1, 0212 293 3786, €**

■ ELEOS
Un rincón del Egeo en la terraza de un edificio histórico. Cocina griega especializada en platos de pescado, marisco y aperitivos imperdibles. **İstiklal Caddesi 261, 0212 244 9090, €€, eleosrestaurant.com**

EL CORAZÓN DE BEYOĞLU

Galería de las Flores

6 Entra a la Galería de las Flores (Çiçek Pasajı) de **İstiklal Caddesi** y oberva. Esta galería cubierta fue una ópera, pero en la década de 1940 se convirtió en un mercado de flores. Hoy en día, Çiçek Pasajı (literalmente «pasaje de flores») es el hogar de los restaurantes de mariscos de élite de Estambul. Ignora las invitaciones de los restauradores y concéntrate en los balcones y las lámparas de araña: almorzarás mucho mejor cerca del **Mercado del pescado** (Balık Pazarı, ver pág. 132).

Sahne Sokak o İstiklal Caddesi 80 • Tranvía: Galatasaray

Mercado de pescado

7 Animado y colorido, el Mercado de pescado de Beyoğlu (Balık Pazarı) es un festín para los sentidos. Los puestos están llenos de langosta fresca *(ıstakoz)*, rodaballo *(kalkan)* y lubina *(levrek)*. Las branquias del pescado miran hacia afuera para mostrar la frescura del producto. Los vendedores gritan las ofertas del día, mientras los camareros te invitan a elegir lo que quieras para convertirlo en un almuerzo express. El aroma del pescado bien cocido con hierbas y especias es tentador. Quédate aquí para almorzar con los lugareños en el **Restaurante Kalamar** *(Sahne Sokak 19, 0532 605 8079, €€)*, o también elige bocadillos de pescado *(balık ekmek),* brochetas de mejillones fritos *(midye tava)* o calamares a la parrilla *(kalamar izgara)* en el auténtico **Özgün** *(Sahne Sokak 9,€)*.

Sahne Sokak y sus alrededores • Tranvía: Galatasaray

Museo Pera

8 El Museo Pera (Pera Müzesi) es pequeño pero llega al corazón. Creado y cuidado por los ricos mecenas turcos Suna e İnan Kıraç, durante unos treinta años ha conservado decenas de lienzos que ilustran Estambul a lo largo de los siglos a través de retratos otomanos, panoramas del Bósforo y sensuales escenas de termas. Dirígete al ineludible lienzo «El entrenador de tortugas». Pintado por el artista otomano Osman Hamdi Bey (fundador de los **Museos Arqueológicos de Estambul**; Estambul Arkeoloji Müzeleri; ver págs. 58-59), se estima hoy en millones de dólares. Exposiciones temporales recientes han acogido obras de Giorgio De Chirico, Etel Adnan, Andy Warhol, Fernando Botero, Picasso, Frida Kahlo y Diego Rivera.

Meşrutiyet Caddesi 65 • 0212 334 9900 • Cerrado el lu. y 1 de enero y primer día de las principales fiestas religiosas • € • Tranvía: Odakule • peramuzesi.org.tr

TURISTAS **INFORMADOS**

A la hora de planificar tu visita al Museo Pera aprovecha las promociones de **Young Wednesdays** (entrada gratuita al museo para estudiantes todos los miércoles) y **Long Fridays** (los viernes se puede visitar el museo gratis de 18:00 a 22:00 h).

Hotel Pera Palace

9 El antiguo Hotel Pera Palace (Pera Palas Oteli) fue construido para alojar a los viajeros que bajaban del Orient Express desde París. Camina a través de las dobles puertas de vidrio y pasa junto al personal con uniforme. Hace un siglo, viajeros de élite como Ernest Hemingway y Winston Churchill se habrían reunido en el **Orient Bar,** a la derecha de la entrada. El lugar más auténticamente histórico es el prestigioso **Kubbeli Saloon** en la parte trasera del hotel. Pasa una hora tumbado en una tumbona de terciopelo disfrutando de los placeres de un café árabe, digno de un auténtico sultán.

Meşrutiyet Caddesi 52 • teléfono 0212 337 4000 • Tranvía: Odakule • perapalace.com

El Hotel Pera Palace fue el primer edificio en tener ascensor en Estambul.

EL CORAZÓN DE BEYOĞLU

Tünel

10 Tünel es el nombre de dos puntos importantes de Estambul: el del funicular que desciende cuesta abajo hasta el **Puente de Gálata** (Galata Köprüsü; ver pág. 113) y el de los alrededores de la estación de metro. En los cafés de Galip Dede Caddesi se organizan conciertos improvisados. Los artistas también tocan sus instrumentos de la época otomana frente a las tiendas de música de la zona. En las calles de los alrededores, los comerciantes locales venden galletas hechas a mano, juegos de backgammon, ropa de alta costura, vajillas y mucho más.

Cruce de caminos entre İstiklal Caddesi y Galip Dede Caddesi • Metro: Şişhane/Tünel

İstiklal Caddesi

*Únete a los lugareños en un relajante paseo
en la calle peatonal de tiendas de Estambul.*

La agradable fachada de la Galería de las Flores en İstiklal Caddesi.

Hace un siglo, İstiklal Caddesi era conocida como la Gran Rue de Pera. Con las embajadas del Reino Unido, Francia, Rusia y Suecia frente a la avenida, era considerada la calle más elegante de Estambul. Hoy en día, millones de residentes vienen aquí cada año para pasear entre las *boutiques* y los bares de İstiklal Caddesi o para admirar su tranvía antiguo. Busca los grandes edificios que se alinean a ambos lados de esta antigua colonia europea. Los estilos van desde Belle Époque hasta el renacentista y el neoclásico.

EL CORAZÓN DE BEYOĞLU

■ CAMPANARIOS Y MINARETES

Mezquitas y modernidad conviven en la histórica calle İstiklal Caddesi. La **Mezquita Hüseyin Ağa** (Hüseyin Ağa Camii) tiene el minarete en la intersección con Sakız Ağaci Caddesi. Disfruta del ambiente de un lugar histórico (que data de 1596) y su patio de piedra. Las comunidades italiana, griega, francesa y armenia han construido aquí decenas de iglesias. Entre los edificios más bellos recordamos la iglesia neogótica de ladrillo rojo dedicada a **San Antonio de Padua** (Sent Antuan Kilisesi, *al 171*), a la que se accede pasando por un elegante pórtico abierto a la calle, y la **Iglesia de Santa María Draperis** (Santa Maria Draperis, *número 215*), a la que se accede subiendo una corta escalera de piedra. Aquí todavía se celebran misas en diferentes idiomas.

■ PASAJE POR EUROPA

Desde İstiklal Caddesi salen varios antiguos pasillos cubiertos (*pasaj*). Pasea por cualquiera de ellos para ver techos rococó y azulejos de época que le dan un toque europeo. Al norte de la parada de tranvía de Galatasaray, toma **Avrupa Pasajı** para disfrutar de elegantes relojes

UNA **CURIOSIDAD**

La mayoría de las grandes embajadas por İstiklal Caddesi son ahora consulados, a veces teatros de eventos y exposiciones. Señalamos la **sede diplomática rusa** (*en 225*) y la **holandesa** (*197*). La más accesible es la **francesa** (*4*), que también alberga la sede del Institut Français de Turquie, comprometido con la difusión de la cultura francesa en todo el mundo. Destacan las exposiciones temporales y la galería adyacente.

de los años 50 y joyas antiguas. Observa las estatuas que sobresalen de los tejados y las docenas de puestos de libros debajo en **Aslihan Pasajı**. Cerca de allí, **Atlas Pasajı** alberga un antiguo cine y una tienda de moda.

■ HUMO Y ESPEJOS

Fíjate en las habitaciones iluminadas con luces de neón sobre İstiklal Caddesi. Muchas son casas de adivinos (*fal*) y salas para fumadores (*narguile*). Ambas son expresión de los cafés de este barrio bohemio. Si te apetece la experiencia, sube sus desvencijadas escaleras para sumergirte en los aromas. Como alternativa, las cafeterías de Hazzopulo y Suriye también sirven té sencillo.

İstiklal Caddesi • Metro: Taksim

Estambul literaria

Innumerables escritores han tenido una historia de amor «literaria» con Estambul. Es algo bueno: una ciudad con más de 2.000 años de historia necesita muchas voces para hacerla vivir. Desde el periodo bizantino hasta los años del Imperio Otomano y hasta el siglo xx, escritores locales y extranjeros han capturado la esencia de esta ciudad, en constante cambio, a través de historias de amor, guerra, rivalidad, revolución y vida cotidiana.

**Orhan Pamuk pasea por las calles de Çukurcuma, escenario de su novela *El museo de la inocencia*.
Página opuesta: volúmenes apilados en una librería usada.**

Crónicas antiguas

Uno de los primeros textos que ha sobrevivido a los siglos es *La Historia Secreta*, una versión «alternativa» del reinado de Justiniano, escrita por el historiador de la corte, Procopio, hacia el año 550 d. C., en la que el autor denuncia el desgobierno de su tiránico soberano (y constructor de **Santa Sofía**, Ayasofya Camii, ver págs. 60-61). La exploradora Evliya Çelebi describe sus viajes por el Imperio Otomano: el libro, titulado *Seyahatname, un viajero otomano*, es un testimonio de los lugares de la Turquía del siglo xvii, como Kürkçü Han, la sala de comercio de seda de Estambul todavía en actividad.

La invasión extranjera

El inexorable colapso del Imperio Otomano a partir de principios del siglo xix atrajo a muchos. El francés Pierre Loti se preocupaba tanto por Estambul que la ciudad le devolvió el favor. El pueblo de Eyüp tiene una colina, un funicular y una cafetería que ahora lleva su nombre (ver págs. 97 y 156). En *Constantinopla*, Edmondo De Amicis describe el tráfico en el **Puente de Gálata** (Galata Köprüsü; ver p. 113): «se ve pasar toda Constantinopla en una hora... un beduino envuelto en una capa blanca y un viejo turco con un turbante de muselina y un caftán celeste... y un derviche con un gran sombrero cónico... que se hace a un lado para dejar pasar el carruaje de un embajador europeo...», el mismo escenario cosmopolita de hoy.

Historias del siglo XX

Recientemente, Yasar Kemal ha escrito una serie de cuentos sobre el tema de la justicia social, entre ellos *Memed, my Hawk*. El premio Nobel, Orhan Pamuk, ambienta sus novelas contemporáneas en los elegantes suburbios de Nişantaşı (ver p. 151) y Beyoğlu. Las historias se basan en su experiencia en la clase media alta de los años 70 y 80.

LOS CINCO MEJORES LIBROS SOBRE ESTAMBUL

Aziyadé Pierre Loti (1879) Un dramático amor prohibido entre un oficial francés y una chica turca.

Bright Sun, Strong Tea Tom Brosnahan (2004) Una lúcida reconstrucción de la vida en el reciente siglo XX.

Deadly Web Barbara Nadel (2005) Un misterio con el inspector alcohólico Çetin Ikmen investigando.

Istanbul, Memories and the City Orhan Pamuk (2005) Una incómoda historia de chismes sobre la élite de Estambul.

La bastarda de Estambul Elif Şafak (2006) Abundan las mujeres fuertes en esta historia del reciente feminismo turco.

La vida nocturna

Disfrutar de la vida nocturna de Estambul puede significar cualquier cosa, desde ver un espectáculo de danza del vientre hasta ir a una pista de baile. Únete a la multitud de la ciudad tomando una cerveza en Karaköy, relájate durante una o dos horas con un *narguile* en Tophane o disfruta de la cocina tradicional turca en uno de los muchos restaurantes típicos de la ciudad *(meyhanes)*.

■ DANZA DEL VIENTRE

La danza del vientre llegó a Turquía desde Egipto. A menudo los bailarines, con miradas muy persuasivas, tocan pequeños platillos mientras dan vueltas por la sala. **Sultana's** (*Cumhuriyet Caddesi 40/D, 0212 219 3904, €€€€, sultanas-nights.com*), a cinco minutos a pie de la plaza Taksim en el distrito de Beyoğlu, es el más famoso y reconocido de los lugares que ofrecen este tipo de espectáculos. En los espectáculos nocturnos (*de 21.00 a 23.30 h.*) suele presentarse la famosa Didem, una aclamada estrella de la danza del vientre con un gran número de seguidores en las redes sociales y con más de 100 millones de visitas en YouTube. Entre sus actuaciones se encuentra una actuación en la fiesta de cumpleaños privada de Madonna. Los espectáculos incluyen cena, bebidas ilimitadas y traslado de regreso al hotel. Algunas noches están dedicadas a bailes tradicionales turcos.

■ MÚSICA EN VIVO

El barrio de Beyoğlu es el barrio ideal para escuchar música en vivo: desde música tradicional turca hasta *indie* importado y jazz local. Pasa por la **Torre de Gálata** (Galata Kulesi; ver págs. 110-111) para escuchar jazz y soul en vivo en **Nardis Jazz Club** (*Kuledibi Sokak 8, 0212 244 6327, €€€, nardisjazz.com*). Este lugar de ladrillo atrae a una multitud de fanáticos que aman su ritmo. No muy lejos, a cinco minutos a pie de la estación de metro Şişhane, otra dirección de moda es **Salon IKVS** (*Sadi Konuralp Caddesi 5, 0212 334 0700, €, salonikvs.com*), una sala de conciertos ubicada en la sede de la Fundación para Cultura y Artes de Estambul (IKSV). De octubre a mayo ofrece un programa ecléctico de eventos musicales, desde música clásica hasta jazz, rock alternativo y músicas del mundo.

En verano, los animados *meyhanes* de Tünel se extienden al otro lado de la calle.

◼ MEYHANES

El restaurante típico turco se llama *meyhane*. El nombre proviene de las antiguas palabras de Anatolia para vino *(mey)* y casa *(hane)*. Estos modestos locales sirven cenas de pescado y *meze* a altas horas de la noche, acompañadas de vino y *raki*. Para probar los mejores *meyhanes*, dirígete a la zona de Asmali Mescit, cerca de Beyoğlu, o cerca del **Mercado de Beşiktaş** (ver p. 147), cerca del Bósforo y Nişantaşı. En el primero, **Yakup 2** *(Asmalı Mescit Caddesi 21, 0212 249 2925, €€ - €€€)* está lleno de fiestas a las que asiste alguna que otra celebridad turca. En Beşiktaş, el lugar que no te puedes perder es **Çarşı Balık** *(Köyiçi Caddesi Lesker Sokak 4, 0212 258 5566, €€)*, donde sirven atún marinado, mejillones fritos y dorada a la plancha. Dondequiera que vayas, encontrarás grupos de músicos itinerantes tocando sus instrumentos tradicionales en vivo y ofreciéndote pequeños espectáculos de cuatro o cinco músicos. En ambos barrios es posible comer o beber hasta altas horas de la noche.

◼ MUELLES Y ALMACENES

Únete a los jóvenes *hipsters* de Estambul en los bares de Karaköy, la respuesta turca al Brooklyn de Nueva

York o al Shoreditch de Londres. Muelles y almacenes se han convertido en restaurantes y bares de aspecto industrial. Desde la primavera hasta el otoño, siempre es posible encontrar gente en las calles llenas de luces y vida. Los lugareños ofrecen café de manera informal.

Si buscas algo sofisticado y un servicio impecable, prueba el **Galata Seven Hills** (*Kemankeş Caddesi 42, 0507 542 8800, €€€, galatasevenhills.com*), con vistas al muelle del moderno Galataport. Frutas de temporada, combinaciones atrevidas y presentaciones refinadas son los ingredientes que hacen inolvidables los cócteles de este popular local.

Cualquiera que tenga las ideas claras debería dirigirse a **Geyik** (*Akarsu Yokuşu Caddesi 22/A, 0532 773 0013, €€€, geyikdukkan.com*), una de las coctelerías más populares de la ciudad desde 2014. El lugar es pequeño y, dada su fama, suele estar muy concurrido, pero la calidad de las bebidas compensa las aglomeraciones.

■ NARGHILÈ

Hasta hace diez o veinte años, los *narghilè*, (también llamados *sheesha*, *hookah* o tuberías de agua) eran del dominio de los ancianos. Hoy en día su popularidad es tal que en la ciudad se pueden encontrar hombres y mujeres que fuman durante toda la noche. Los *narghilè*, los cafés más de moda, están en el **Puente de Gálata** (ver pág. 113) y alrededor de **Tophane** (ver págs. 114 y 115). Podrás encontrar varios de ellos cerca de la siguiente ubicación del **Istanbul Modern** (ver págs. 116-117) y detrás del Galataport. Prueba un típico *sheesha* estilo turco de **Huge Karaköy Narguile** (*Fransız Ck. 1, 0533 023 6077, €€*). Alternativamente, dirígete al ambiente del moderno vecino **Levanten Karaköy** (*Necatibey Caddesi 70/A, 0538 029 0124, €€*) y déjate envolver por los aromas de las nubes de humo acompañado de música en vivo.

■ DISCOTECAS

En Estambul no faltan opciones para los amantes de la música electrónica: prueba algo inusual, en **Gizli Bahçe** (*Nevizade Sokak 15, 0212 249 2192, €, gizli.business.site*), un pequeño y acogedor local en el corazón de la vida nocturna de Beyoğlu a pocos pasos del Mercado de pescado, podrás bailar hasta el amanecer en un ambiente relajado e informal. La selección musical abarca desde la música disco, pasando por la fusión, hasta las más recientes evoluciones del *microhouse*. En el distrito del Bósforo, una serie de autodenominados «SuperClubs» invaden las famosas orillas del Kuruçeşme. Actores como Uma Thurman y Daniel Craig frecuentan sus pistas de baile junto al agua. El escenario se enriquece aún más gracias a la presencia de futbolistas, modelos, estrellas de telenovelas y cazadores de fama de todo tipo. Aquí siempre hay fiesta y los *paparazzi* literalmente acampan fuera de estos lugares hasta el amanecer. Uno de los más concurridos es **Sortie** *(Muallim Naci 54, 0212 327 8585, €€€€, sortie.com)*, con espectaculares vistas nocturnas del Bósforo y restaurantes alrededor de la pista de baile, donde la elegante clientela baila sin parar con una selección de pop turco, *dance* europeo y éxitos del reggaetón.

FUMAR **NARGHILÈ**

Unirse a los residentes para fumar narguile es fácil. Primero eliges el sabor, la manzana *(elma)* es una buena opción para principiantes.
La boquilla desechable vendrá precintada por higiene, con las brasas encendidas, tabaco y botella. El humo lo produce el tabaco (sujeto bajo una lámina de metal perforada) sobre el que se colocan las brasas de carbón. Inhala suavemente hasta que se produzca una burbuja de humo en el agua. Tómate tu tiempo con un buen libro o una partida de backgammon, el humo durará aproximadamente una hora.

EL CORAZÓN DE BEYOĞLU

Fiesta en el Bósforo, bajo la luna llena, en la superdiscoteca Reina.

Bósforo
y Nişantaşı

Para la gente del lugar, el Bósforo no es simplemente un estrecho, sino una forma de vida. El pasado marinero de Estambul se glorifica en el Museo Marítimo, con ventanas que dan al estrecho. Desde aquí, antiguos pueblos de pescadores como Ortaköy se extienden hasta el Mar Negro.

Los lugareños se agrupan junto al mar para disfrutar del aire fresco. La decisión del sultán Abdülmecid de construir el Palacio de Dolmabahçe transformó esta zona de pueblos y de antiguos cotos de caza en un centro urbano. Inspirado en los estilos europeos de la época, el Palacio Dolmabahçe está ubicado en el Bósforo, mientras que el Palacio Yıldız, más reciente, está ubicado en un parque arbolado. Tierra adentro, en la cima de una colina, Abdülmecid fundó Nişantaşı, que ahora se ha convertido en un barrio ecléctico y destino de compras.

◄ La Mezquita Büyük
   Mecidiye y el muelle de
   Ortaköy en el Bósforo,
   con el puente del mismo
   nombre al fondo.

Bósforo y Nişantaşı

Explora las bellezas arquitectónicas del siglo XIX, luego pasea por las tiendas hasta cansarte antes de relajarte con un cóctel.

❶ Palacio de Dolmabahçe (ver págs. 152-153) **Pasa por sus puertas rococó para explorar el mejor palacio del Imperio Otomano del siglo XIX. Camina hacia el este por la arbolada Dolmabahçe Caddesi.**

❷ Museo Marítimo (ver págs. 146-147) **Admira las barcazas imperiales y prepárate para una lección de historia. Cruza la calle hacia Süleyman Seba Caddesi.**

**BÓSFORO Y NIŞANTAŞI   LONGITUD: 10,5 KM
DURACIÓN: APROXIMADAMENTE 9 HORAS   PARADA DE TRANVÍA DE SALIDA: KABATAŞ**

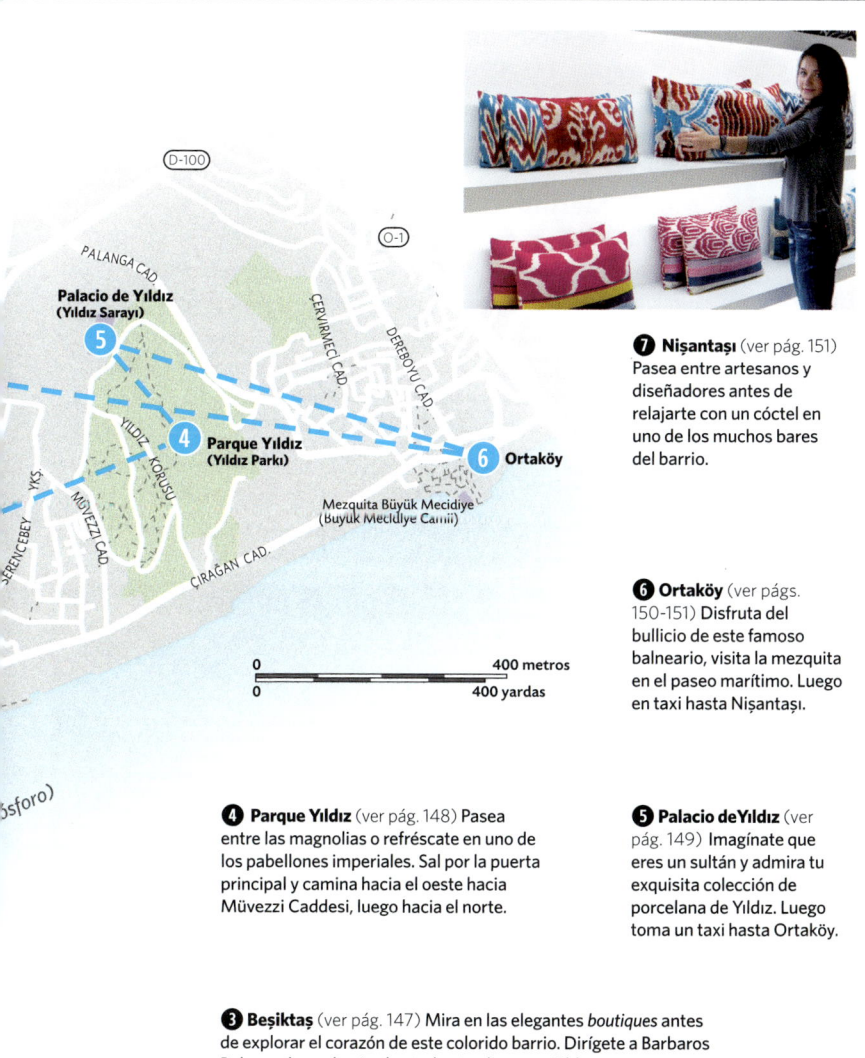

Mapa

(D-100)

(O-1)

PALANGA CAD.

Palacio de Yıldız
(Yıldız Sarayı)

5

ÇERVIRMECI CAD.

DEREBOYU CAD.

4 **Parque Yıldız**
(Yıldız Parkı)

6 **Ortaköy**

YILDIZ KORUSU

Mezquita Büyük Mecidiye
(Büyük Mecidiye Camii)

SERENCEBEY YKS.

MÜVEZZI CAD.

ÇIRAĞAN CAD.

(Bósforo)

0 ————————— 400 metros
0 ————————— 400 yardas

7 **Nişantaşı** (ver pág. 151)
Pasea entre artesanos y
diseñadores antes de
relajarte con un cóctel en
uno de los muchos bares
del barrio.

6 **Ortaköy** (ver págs.
150-151) Disfruta del
bullicio de este famoso
balneario, visita la mezquita
en el paseo marítimo. Luego
en taxi hasta Nişantaşı.

4 **Parque Yıldız** (ver pág. 148) Pasea
entre las magnolias o refréscate en uno de
los pabellones imperiales. Sal por la puerta
principal y camina hacia el oeste hacia
Müvezzi Caddesi, luego hacia el norte.

5 **Palacio de Yıldız** (ver
pág. 149) Imagínate que
eres un sultán y admira tu
exquisita colección de
porcelana de Yıldız. Luego
toma un taxi hasta Ortaköy.

3 **Beşiktaş** (ver pág. 147) Mira en las elegantes *boutiques* antes
de explorar el corazón de este colorido barrio. Dirígete a Barbaros
Bulvarı y luego hacia el este, hasta el parque Yıldız.

Palacio de Dolmabahçe

1 Ver págs. 152–153.

Dolmabahçe Caddesi•0212 236 9000 • Cerrado el lu. y el 1 de enero • €€€€
(incluye visita guiada en inglés) • Tranvía: Kabataş•www.millisaraylar.gov.tr

Museo Marítimo

2 El Museo Marítimo de Estambul (Deniz Müzesi)fue
completamente restaurado en 2013. Impresiona por la
inmensidad del edificio y la vista que ofrece sobre el Bósforo, a través
de sus ventanales desde el suelo hasta el techo. Su galería principal
presenta bustos de comandantes de la marina otomana y varios
barcos de pesca tradicionales, utilizados por Atatürk. El espacio
alberga una colección de embarcaciones ceremoniales utilizadas por
sultanes, dignatarios y cortesanos para las oraciones del viernes en las
mezquitas frente al mar. Los barcos no están acordonados, por lo que
se pueden observar todos los detalles de proa a popa, incluidos los

Barcazas imperiales con cascos ricamente decorados en el Museo Marítimo.

refinados quioscos que daban sombra a los gobernantes. En la planta superior, centrada en las armadas otomana y republicana, se conservan instrumentos de navegación, uniformes, armamento, insignias y documentación manuscrita o impresa vinculada al mundo de la navegación, mientras que la galería subterránea está dedicada a equipos de buceo históricos.

Sinanpaşa Mahallesi • 0212 327 4345 • Cerrado el lu. el 1 de enero y el primer día de las principales fiestas religiosas • €€ • Tranvía: Kabataş; Autobuses: 28, 28T, 40 • denizmuzesi.dzkk.tsk.tr

UNA **CURIOSIDAD**

El Museo Marítimo cuenta con una colección de refinados mascarones de proa. La tradición de decorar los barcos con estatuas en la proa fue popular entre los siglos xvi y xix. Verdaderas obras de arte, los otomanos preferían leones, albatros, águilas, halcones y caballos. La mayoría de las figuras son obra de escultores artesanales del puerto de Kasimpasa en Estambul.

Beşiktaş

3 A lo largo de la costa del Bósforo, Beşiktaş es una zona animada donde las tiendas tradicionales se alternan con cafés de moda que atienden a estudiantes y artistas. Empeza en **Akaretler**, una zona exclusiva del barrio, donde dos hileras de casas (antiguas residencias de altos funcionarios del Palacio de Dolmabahçe) albergan ahora *boutiques*, galerías y restaurantes. Al este, en el mercado local (Mumcu Bakkal Sokak), las pescaderías ofrecen la pesca del día, mientras que los restaurantes cercanos venden bocadillos de pescado sabrosos pero baratos, para un refrigerio rápido y satisfactorio. Frente a la terminal del ferry, la **Plaza Bárbaros** (Barbaros Meydanı) toma su nombre del almirante Hayrettin Paşa, más conocido como Barbarroja, el formidable corsario y señor de Argel que aterrorizó las costas del Mediterráneo durante décadas. Hay una escultura suya en el centro de la plaza y aquí también se encuentra su tumba, construida por Mimar Sinan en 1542; está abierta cinco días a la semana. Echa un vistazo al interior para ver el sombrero del almirante encima del ataúd.

Cruce entre Şair Nedim Caddesi y Sinan Paşa Köprü Sokak • Tranvía: Kabataş • Autobús: 28, 28T, 40 o 23B

DÓNDE **COMER**

■ KÜÇÜK KULÜP

Una taberna típica (*meyhane*) de ambiente familiar donde disfrutar de platos auténticos y una excelente selección de entrantes (*meze*) a precios razonables. **Poyracik Sokak 47/1, 0212 219 1030, €€**

■ KARADENIZ PIDE, DÖNER SALONU

Este pequeño quiosco es una institución de barrio. Vale la pena hacer cola para disfrutar de la tierna carne de pincho servida con pan fresco y todas las guarniciones. **Mumcu Bakkal Sokak 6, 0212 261 7693, €**

■ MASA VEGANA

Pequeño local vegano en el corazón de Beşiktaş. No te decepcionarás con el *lahmacun* (pizza turca) y los platos del día. **Mısırlı Bahçe Sokak 8/A, 0212 227 4961, €€**

Parque Yildiz

4 El área, de aproximadamente 500 000 m², del Parque Yıldız (Yıldız Parki) se extiende sobre lo que fue una zona boscosa en la época bizantina, posteriormente utilizada como reserva de caza a partir del reinado de Solimán el Magnífico, y finalmente incorporada a las propiedades imperiales, a partir del reinado del Sultán Ahmed I (1603 a 1617) en adelante.

No te pierdas el **Yıldız Chalet** (Yıldız Şale; *Palanga Caddesi 57, 0212 259 4570, milisaraylar.gov.tr*), un edificio singular con referencias arquitectónicas occidentalizadas. Construido en varias fases dentro del complejo del Palacio de Yıldız, sirvió como residencia del sultán y como alojamiento para la realeza y dignatarios extranjeros, propósito que también mantuvo en la era republicana al albergar, entre otros, al Shah Reza Pahlavi y al presidente francés Charles De Gaulle. Abdülhamid II construyó la habitación para su huésped, el káiser Guillermo II, al estilo de un chalet suizo. Hoy en día, el edificio alberga una colección de alfombras y finos muebles, incluida la alfombra Hereke más grande del mundo. Procedentes de la pequeña ciudad costera de Hereke, cerca de Estambul, estas finas alfombras representan la excelencia de la tradición textil turca.

Se puede llegar al chalet a pie, pero dado el tamaño del parque, lo mejor es coger un taxi desde una de las puertas principales. Mientras exploras la zona, notarás la concentración de plantas exóticas y todos los monumentos claramente marcados. Después podrás visitar los dos pabellones de caza transformados actualmente en restaurantes. El Pabellón Çadır (Çadır Köşkü), en una colina en el extremo occidental del parque, tiene vista a un estanque, mientras que el Pabellón de Malta (Malta Köşkü) mira hacia el bosque.

Yıldız Mahallesi • Autobuses: 22, 22B, 40

Palacio de Yildiz

5 El Palacio de Yıldız (Yıldız Sarayı) es la piedra angular de un imponente complejo que representa el corazón del Imperio Otomano en sus últimos años. Ubicados entre hermosos jardines, los edificios incluyen pabellones, talleres, mezquitas y un teatro. Las obras comenzaron durante la primera mitad del siglo XIX, pero fue Abdul Hamid II quien encargó la mayoría de las estructuras en 1870. El arquitecto italiano Raimondo D'Aronco ayudó al arquitecto Sarkis Balyan en el diseño de algunos pabellones, incluido el **Arsenal** con las majestuosas columnas corintias (frente al palacio). Al adquirir la estructura definitiva del Palacio de Yıldız se convirtió en el centro del poder otomano, para luego ser parcialmente convertido en un complejo de museos durante la era republicana. A partir de 2015, el palacio y los suntuosos **departamentos estatales** (Büyük Mabeyn) han sido restaurados y reservados para uso exclusivo del Presidente de la República, por lo que ya no se permiten visitas al interior. Sin embargo, todavía es posible explorar los jardines del palacio, con sus fuentes decoradas, quioscos de madera y mucha menos gente que la que se encuentra en el **Palacio de Topkapi** (Topkapi, ver págs. 62-65) o el **Palacio de Dolmabahçe** (Dolmabahçe Sarayı; ver págs. 152-153).

Palanga Caddesi 57 • 0212 259 4570 • Cerrado el ma. • € • Autobuses: 22, 22B, 40

Una de las numerosas fuentes del Palazzo de Yıldız.

Ortaköy

6 **İskele Meydanı** es el corazón del distrito costero de Ortaköy. El bullicio de la plaza costera se pierde en un laberinto de tiendas de *souvenirs*. Detrás de la plaza, en Mecidiye Köprüsü Sokak, hay una hilera de puestos que venden patatas asadas *(kumpir)* , y se pueden disfrutar con muchas guarniciones. La plaza atrae a mucha gente los fines de semana, cuando el mercado diario la llena de obras de arte, artesanías, ropa, libros usados y joyas. Si pasas por aquí durante la semana, encontrarás más tiendas y galerías en **Muallim Naci Caddesi**, detrás del paseo marítimo. No te pierdas **Simya Galeri** *(en el número 51, 0212 259 7740, simyagaleri.com)*, que exhibe pequeñas esculturas de la artista Sabrina Fresko y joyas únicas. Debajo de la esquina occidental del Puente del Bósforo, justo en el paseo marítimo, se encuentra la **Mezquita neobarroca Büyük Mecidiye** (Büyük Mecidiye Camii). El interior tiene una atmósfera diferente a la de otras mezquitas: más claro y brillante, está pintada en tonos rosa y crema, y cuenta con candelabros de latón. El lugar parece

Un artesano muestra sus habilidades para crear vidrio en el mercado de Ortaköy.

más un salón de baile que una mezquita. Justo al este, los barcos compiten por los turistas que llevar por el Bósforo. **Plan Tours** (*Cumhuriyet Caddesi 83/1, 0212 234 7777, €€€€, plantours.com*) y **Bosphorus Tours** (*0554 797 2646, €€€€, www.bosphorustour.com*) ofrecen un crucero de de medio día y día completo con guía y comida incluida. Consulta sus respectivas webs para conocer los puntos de embarque.

Vapur İskelesi Sokak • Autobuses: 22, 22B, 40 y 40B

UNA **CURIOSIDAD**

No muy lejos del distrito comercial de Nişantaşı se encuentra el **Museo Atatürk** (Atatürk Müzesi; *Halaskargazi Caddesi 248, 0232 489 0796*). La casa de tres pisos donde vivió el expresidente ahora exhibe varios de sus objetos personales, entre ellos medallas, uniformes militares y fotografías.

Nişantaşı

7 Si has venido a Estambul a comprar, Nişantaşı es el lugar indicado. Encontrarás de todo, desde ropa de diseñador hasta alfombras tradicionales y obras de arte. Comienza tu recorrido desde la **Mezquita neobarroca de Teşvikiye** (Teşvikiye Camii, *Teşvikiye Caddesi*) y sumérgete directamente en la estrecha **Atiya Sokak** llena de *boutiques*, luego toma la perpendicular **Abdi Ipekci Caddesi**, donde los diseñadores de lujo locales conviven con marcas de alta costura como Gucci, Prada y Louis Vuitton. **Machka** (*número 44, 0212 219 1936, machka.com*) vende la sofisticada ropa del galardonado dúo creativo Dice Kayek, mientras que un poco más al norte se encuentra la sala de exposición de **Armaggan** (*Kuyumcu İrfan Sokak ang. Süleyman Nazif Sokak 38-40 , 0212 241 6580, armaggan.com*), especializada en joyería preciosa. En la paralela **Mim Kemal Oke Caddesi** se encuentra **Portakal** (*número 8, 0212 225 4637, rportakal.com*), una antigua casa de subastas activa desde finales del siglo xix, que vende obras de artistas otomanos y contemporáneos. Termina el día con un cóctel en **Must** (*número 11, 0533 902 6595, mustnisantasi.com*) o en **Joker no. 5** (*Atiye Sokak 5, 0212 246 0110*).

Cruce de caminos entre Teşvikiye Caddesi y Atiye Sokak • Metro: Osmanbey

BÓSFORO Y NIŞANTAŞI

Palacio de Dolmabahçe

Sumérgete en el estilo y lujo con el que los sultanes otomanos vivían en este suntuoso palacio.

La lámpara de cristal de esta escalera fue realizada en los talleres franceses de Baccarat.

En el siglo xix, el sultán Abdülmecid abandonó la residencia tradicional del Palacio de Topkapi para trasladarse al Palacio de Dolmabahçe (Dolmabahçe Sarayı). El objetivo era rodearse de espacios más adecuados a los tiempos modernos. Charles Séchan (conocido por la Ópera de París) fue llamado para encargarse de los interiores. El resultado combina el barroco, el rococó y el neoclásico junto con motivos islámicos tradicionales. El gran salón ceremonial *(Muayede)* está flanqueado a ambos lados por las salas de negocios *(Selamlık)* y las de la familia *(Harem)*.

■ Cuestiones de representación

El recorrido por *Selamlık* (ver cuadro en esta página) comienza en las **salas de las secretarias**. Antes de subir la escalera de cristal, admira el cuadro de 24 m «**La Procesión de Sürre**», que explica la peregrinación a La Meca. El guía te ubicará para tener la mejor vista. Arriba, el recorrido por el **Piso Real** te mostrará habitaciones con estufas de porcelana y el hammam del sultán hecho de alabastro egipcio. Entra al **Salón Rojo** donde los sultanes recibían a sus familiares, tus ojos se dirigirán al techo con la firma del francés Séchan. El recorrido finaliza en el *Muayede*, con el candelabro de cristal de Bohemia más grande del mundo, regalo de la reina Victoria.

■ LAS HABITACIONES

Los puntos imprescindibles del *Harem* se encuentran en el primer piso. Empieza por la **Sala Azul**: originalmente reservada a ceremonias y celebraciones religiosas, toma su nombre de las cortinas y tapices. Observa otro de los maravillosos techos de Séchan, en cuyas esquinas hay paneles fijos de pan de oro

TURISTAS **INFORMADOS**

El palacio admite solo 3.000 visitantes por día y se accede a él con una visita guiada (en inglés). La taquilla abre a las 9:00 h. y cierra cuando se alcanza el aforo máximo. Llega temprano para asegurarte de entrar. El billete estándar (semanal) incluye la visita al harén, la galería de arte y el *Selamlık* (palacio principal), este último también se puede visitar individualmente.

decorados con las estaciones. Mira las lujosas habitaciones, adornadas con obras de arte japonesas y chinas. Finalmente, visita la cámara de Atatürk. El padre de la Turquía moderna murió en esta sala y el reloj está parado a las 9:05, momento de su muerte.

■ EL JARDÍN IMPERIAL

El parque está decorado con fuentes, esculturas y pabellones. Visita el **Pabellón de Cristal**, un invernadero de cristal con una fuente y estatuas caleidoscópicas de pavos reales. Debido a la alta función representativa del palacio, el parque se encuentra entre los más ricos de Estambul.

Dolmabahçe Caddesi • 0212 236 9000 • Cerrado el lu. y el 1 de enero • €€€€ (incluye visita guiada en inglés) • Tranvía: Kabataş • www.millisaraylar.gov.tr

BÓSFORO Y NİŞANTAŞI

Telas turcas

Los turcos están literalmente obsesionados con las telas. Desde la época otomana hasta hoy, los textiles han jugado un papel importante en la ciudad, tanto a nivel cultural como comercial. Los diversos diseños se utilizan para bufandas, caftanes, fundas de almohada, mantas y alfombras que decoran las tiendas desde el casco viejo hasta Nişantaşı. Pocos visitantes resisten la tentación de llevarse uno a casa.

Tela turca del siglo XVII con tejidos de seda y metal para componer finos diseños de tulipanes. Página opuesta: en el Gran Bazar, los vendedores de alfombras instalan su espacio.

Historia y técnica

El país produce alrededor de 650 tipos diferentes de tejidos, pero los turcos son especialmente hábiles en tejer seda. En la época otomana, los embajadores honraban a los jefes de estados europeos con finos brocados de seda *(çatma)*. En aquella época, los talleres de Üsküdar se hicieron famosos por decorar estos regalos al estilo conocido como «rococó turco». Las alfombras turcas se anudaban tradicionalmente a mano o se tejían de forma plana y se trabajaban en una variedad de estilos. Entre los más comunes se encuentran los *kilims* (utilizados para decoración o para la oración) y *cicim* (de lana, confeccionados con rayas de colores). Incluso hoy en día, los fabricantes de alfombras siguen técnicas tradicionales. Otra técnica, conocida como «mil piezas», fue utilizada por los sastres imperiales del **Palacio de Topkapi** (Topkapı Sarayı, ver págs. 62-65) para componer finos tejidos de *patchwork*. Fieles a su carácter artístico, estos artesanos utilizaron diversos motivos de flores, frutas, árboles, animales, pájaros, medias lunas y estrellas.

Tejidos contemporáneos

Las técnicas textiles tradicionales sobreviven aún hoy. Los comerciantes de alfombras encargan diseños a artistas que luego los hacen a mano, dando rienda suelta a su creatividad. Para asegurarte de conseguir los mejores, visita las tiendas de Mehmet Güreli **Dhoku** y **Ethnicon**, ambas en el Gran Bazar. En Sultanahmet, **Mehmet Çetinkaya** (*Küçük Ayasofya Caddesi, Tavukhane Sokak 7*) ofrece una colección de vestidos con una variedad de diseños que no se diferencian de los que habrían hecho en el siglo XIX, cuando esta técnica se puso de moda por primera vez. La marca **Dice Kayek** produce ropa con tejidos de brocado lamé hechos a mano, no muy diferente de la ropa más prestigiosa que usaban los gobernantes otomanos.

TELAS **ORIGINALES**

Gönül Paksoy Esta prestigiosa diseñadora transforma las telas tradicionales turcas en prendas que evocan la vestimenta derviche moderna. **Akkavak Sokak, Demet Apto. 4/A, 0212 236 0209**

Güneş Öztarakçı Esta fue la primera tienda de alfombras que abrió una mujer en Estambul. Ofrece alfombras antiguas, *kilims* de Anatolia y alfombras teñidas con vegetales. **Mim Kemal Öke Caddesi 7, 0532 266 6276**

Los coloridos cojines originales de Rıfat Ozbek están cosidos con viejas telas *ikat*. **Şakayık Sokak 13/1, 0212 240 8731**

Las vistas

Con un horizonte ondulado por las colinas y otro animado por minaretes, Estambul es un lugar perfecto para disfrutar de vistas urbanas únicas. El Cuerno de Oro y el Bósforo se iluminan durante el día, mientras que las luces de la ciudad perfilan sus contornos por la noche. Sigue a los lugareños hasta uno de los puntos panorámicos entre bares y murallas.

BÓSFORO Y NIŞANTAŞI

■ FORTALEZA RUMELI

La Fortaleza de Rumeli (Rumelihisari) data del siglo xv y está ubicada en la orilla occidental del Bósforo, justo al norte de Nişantaşı. Mehmed II el Conquistador eligió estratégicamente el punto más estrecho del istmo para la construcción, para poder controlar el tráfico. Desde cualquiera de las tres torres principales la vista se extiende desde el Estrecho hasta el **Puente Fatih Sultan Mehmet**. Si tienes miedo a las alturas o viajas con niños, recuerda que no hay barandillas.

Yahya Kemal Caddesi 42 • Cerrado el mi. • € • Autobús: 40

■ PARQUE GÜLHANE

El Parque Gülhane (Gülhane Parkı, ver págs. 57-58) es un lugar ideal para descansar mientras exploras el casco viejo. En el lado nororiental, donde el parque rodea la colina sobre la que se extiende, abrazando el Palacio de Topkapı (ver págs. 62-65), entre la vegetación se vislumbran las concurridas orillas del Bósforo, con Beyoğlu a la orilla izquierda y la parte asiática de Estambul a la derecha.

Alemdar Caddesi • Tranvía: Gülhane

■ CAFÉ PIERRE LOTI

Para disfrutar de unas vistas inigualables del Cuerno de Oro, no te pierdas esta cafetería al aire libre situada en la cima de una colina en el barrio de Eyüp (ver pág. 97). La colina y el café deben su nombre a Pierre Loti, un novelista francés al que le encantaba definirse como turcófilo y se inspiraba en Estambul. Pide tortitas turcas (*gözleme*) con una bebida, siéntate y observa cómo pasa la gente. Debido a la multitud, las mesas más cercanas a la cima se convierten en bienes preciados los fines de semana.

İdris Köşkü Caddesi • 0212 497 1313 • € • Autobús 55 • pierrelotitepesi.com

La terraza panorámica sobre la colina Pierre Loti, con el Cuerno de Oro al fondo.

■ 360 ISTANBUL

Para cenar con vistas, pocos restaurantes rivalizan con este en el barrio de Beyoğlu. En el octavo piso de **İstiklal Caddesi** (ver págs. 134-135), el bar y restaurante es, como su nombre indica, una terraza circular que ofrece impresionantes vistas de 360 grados de la ciudad. Inigualable a la hora del almuerzo, con el sol, o de noche, con las luces de la ciudad brillando, es la opción ideal para una comida inolvidable. También tienen una excelente selección de vinos turcos.

İstiklal Caddesi 163/8 • 0212 251 1042 • €€€–€€€€ • Metro: Taksim • 360istanbul.com

■ COLINA DE ÇAMLICA

En el lado asiático de Estambul, la colina de Çamlıca es el punto más alto del área urbana, con 268 m sobre el nivel del mar. La vista se extiende por toda la ciudad hasta las Islas Príncipe (ver pág. 172). Desde este punto de vista se puede apreciar el tamaño de Estambul. Hay varias cafeterías y una zona de picnic. Si eres un aficionado a la observación de aves, ten en cuenta que la zona es escala de muchas aves migratorias en primavera, así que no olvides traer tus prismáticos.

Çamlıca Tepesi • Autobús 1

Estambul asiática

En muchos sentidos, la Estambul asiática es más rica en historia, más opulenta y fascinante que su hermana europea. Además, a pesar de estar a solto un paseo en barco desde Sultanahmet, este conjunto de pueblos verdes está prácticamente desprovisto de turistas. Solo verás a lugareños en los principales monumentos de Üsküdar: las tres mezquitas de Mihrimah Sultan, Atik Valide y Şakirin, tan diferentes en estilo y ambiente.

Toda la zona es prácticamente un auténtico sabor de Turquía, con vendedores de zumos, anticuarios y comerciantes locales en cada esquina. Por el contrario, para una excelente cena a base de pescado fresco y buen vino no hay nada mejor que el pintoresco y animado telón de fondo de Kuzguncuk, Kadıköy y su barrio Moda. Los tres son destinos de la jet-set, frecuentados por actores, aristócratas y la élite cultural turca. Los jardines de té y los kebabs abundan y te refrescarán mientras haces turismo y compras.

◄ **Residentes almorzando en la acera de uno de los muchos restaurantes de Kuzguncuk.**

Estambul asiática

Minaretes, parques, tiendas y mercados caracterizan al conservador Uskudar y al liberal Kadıköy entre los barrios más animados de Estambul.

❶ Palacio Beylerbeyi
(ver pág. 162) Sorpréndete en las habitaciones rococó del palacio. Toma cualquier autobús hacia el sur. Sal en Üryanizade Sokak en el barrio de Kuzguncuk.

❷ Barrio de Kuzguncuk
(ver pág. 163) Admira los cafés decorados de este lugar en el Bósforo. Sal a cualquier autobús en dirección sureste, hacia el embarcadero de Üsküdar.

❸ Mezquita Mihrimah Sultan (ver pág. 163) Tras visitar el imponente edificio, sal por la salida lateral hacia Selmani Pak Caddesi. Después, dirección sur hacia Karagazi Sokak y Evliya Hoca Sokak ligeramente cuesta arriba, luego hacia el este hacia Çavuşdere Caddesi.

❹ Mezquita Atik Valide
(ver págs. 168-169) Disfruta de una taza de té a la sombra de los jardines. Camina hacia el sur por Kartal Baba Caddesi y luego hacia el oeste, dirección al cementerio Karacaahmet.

❺ Mezquita Şakirin (ver págs. 164-165) La mezquita está en el lado norte del cementerio. Dirígete al noroeste hacia Tunusbağı Caddesi y luego a Salacak İskele Caddesi, para regresar a la costa del Bósforo.

❻ Torre de la Doncella (ver pág. 165) Camina por el paseo marítimo con vistas al monumento histórico. Luego toma un taxi hacia Söğütlüçeşme Caddesi hasta Kadıköy.

**ESTAMBUL ASIÁTICA   LONGITUD: 22 KM.
DURACIÓN: APROXIMADAMENTE 9 HORAS   SALIDA: PALACIO BEYLERBEYI**

İstanbul Boğazı (Bósforo)

1 Palacio Beylerbeyi (Beylerbeyi Sarayı)

O-1

2 Barrio de Kuzguncuk

KUZGUNCUK

9 Ferry por el Bósforo
(ver pág. 167) Toma cualquier
ferry a Eminönü, Karaköy o
Beşiktaş. Disfruta del cielo
nocturno cruzando el Bósforo
desde Asia hasta Europa.

7 Mercado de pescado de Kadıköy
(ver págs. 166-167) Disfruta de las vistas
y los sonidos del animado Mercado de
pescado. Continúa hacia el sur hasta la
boscosa Moda.

8 Moda (ver pág. 167) Explora las
elegantes callejuelas del barrio rico más
antiguo de Estambul. Sigue el paseo
marítimo hacia el norte hasta la estación
marítima de Kadıköy.

ÜSKÜDAR

Mezquita
Atik Valide
(Atik Valide
Camii)

4

5

Mezquita **Şakirin**
(Şakirin Camii)

**KARACAAHMET
MEZARLIĞI
(CEMENTERIO)**

*Da Eminönü,
Karaköy oppure
Beşiktaş*

KADIKÖY

Ferry por el
Bósforo **9** Kadıköy

7 Mercado
de pescado
de Kadıköy
(Kadıköy
Balık
Pazarı)

8 Moda

**Marmara
Denizi
(Mar de
Mármara)**

Bósforo

Üsküdar

Mar de Mármara **Kadıköy**

Estambul

Los invitados del Palacio Beylerbeyi, que llegaban por mar, desembarcaban en el muelle ya construido.

Palacio Beylerbeyi

1 Durante la segunda mitad del siglo XIX, una nueva generación de líderes turcos erigió palacios de estilo europeo en el Bósforo. Entre ellos, el Palacio Beylerbeyi (Beylerbeyi Sarayı) es un mini-Versalles de 30 habitaciones, un punto de encuentro entre Oriente y Occidente. Su nombre se traduce como «señor de señores». El diseñador es Sarkis Balyan, hijo del constructor del **Palacio de Dolmabahçe** (Dolmabahçe Sarayı; ver págs 152-153), en la orilla opuesta. Las decoraciones combinan columnas romanas con tirabuzones otomanos. Detente en el dormitorio del sultán e imagínalo fumando narguile entre delicias gastronómicas servidas en porcelana francesa. En los jardines del palacio, en el paseo marítimo, hay un baño exclusivo para mujeres realizado en piedra decorada.

Abdullahağa Caddesi 12 ▪ 0216 321 9320 ▪ Cerrado lu. y ju. ▪ €€ ▪ Autobús: 15 ▪ www.millisaraylar.gov.tr

Barrio de Kuzguncuk

2 Con vistas al Bósforo, el barrio de Kuzguncuk tiene este ambiente de bienestar tranquilo y sin ostentación que durante siglos ha atraído a la élite de Estambul, al lado asiático del Bósforo. Piérdete en el laberinto de calles estrechas con cafés al aire libre y busca las casas alineadas de colores pastel en **Üryanizade Sokak**. En las características casas de madera *(yali)* viven muchos actores, y un cierto número de personalidades importantes en el paseo marítimo de **Kuzguncuk Çarşı Caddesi**. Justo al sur de Abdullahağa Parkı, la **Ahmet Fethi Paşa Yalısı**, antigua casa del embajador otomano en París, es una de las más bellas. Aunque no se puede visitar, no pasa desapercibida, situada a orillas del Bósforo con sus decoraciones blancas. Entre los monumentos: los cementerios griego ortodoxo y judío, en **İcadiye Caddesi**, una de las principales arterias viales.

Cruce de caminos entre Kuzguncuk Çarşısı Caddesi e İcadiye Caddesi • Autobús: 15

Mezquita Mihrimah Sultan

3 La Mezquita Mihrimah fue construida alrededor de 1548 por el gran arquitecto Mimar Sinan (ver pág. 68) para Mihrimah, la hija favorita de Solimán el Magnífico. Al entrar, siéntate debajo de la cúpula, detrás de donde se suele sentar el consejo. Su punto fuerte es la bóveda finamente decorada con frescos, que se eleva hacia el cielo en una mezcla caleidoscópica de rojos, verdes y azules. Sorpréndete al descubrir cómo en determinados momentos los rayos de luz juegan entre las ventanas y las columnas de granito recién restauradas. Los trabajos recientes también han incluido detalles como los tiradores, que ahora brillan como probablemente lo hacían en el siglo XVI, cuando el sultán entró aquí por primera vez.

Hakimiyeti Milliye Caddesi • Cerrado el vi. y en los momentos de oración • Metro: Üsküdar

UNA **CURIOSIDAD**

Mimar Sinan diseñó una segunda mezquita en honor de Mihrimah, cerca de **San Salvador de Cora** (Kariye Camii, ver págs. 98 y 99) en Edirnekapi. Ambas fueron creadas sobre la base de cálculos precisos. El 21 de marzo, cumpleaños de Mihrimah y equinocio de primavera, cuando el sol se ponía detrás del minarete de Edirnekapi, la luna salió entre los minaretes de la mezquita de Üsküdar.

Mezquita Atik Valide

4 Ver págs. 168-169.

Valide-i Atik Mahallesi • Cerrado el vi. y en los momentos de oración • Metro: Üsküdar

Mezquita Şakirin

5 Inaugurada en 2009, la Mezquita Şakirin (Şakirin Camii) se encuentra entre las más bellas y accesibles. Su arquitecta, Zeynep Fadıllıoğlu, es la primera mujer en diseñar una mezquita en Turquía, y su construcción es una afirmación de la igualdad de género en uno de los barrios más tradicionales de Estambul. Entra simplemente para ver cómo la extravagancia otomana concilia con el estilo contemporáneo.

La zona de oración de color azul cobalto está revestida en parte de cobre batido y, debido a su elegancia, no desentonaría como hotel boutique. Se integran círculos de vidrio concéntricos para formar las lámparas de araña. Los tres anillos entrelazados que rodean las luces muestran los 99 nombres con los que se define Alá (Ar-Rahman

La pintoresca fuente en el centro del tranquilo patio de la Mezquita Şakirin.

Ar-Rahim al-Malik...). Única entre las mezquitas, el área reservada a la oración de las mujeres en esta mezquita iguala en delicadeza a la de los hombres, con el beneficio añadido de una vista privilegiada de la magnífica lámpara de araña. Un poco más allá de las paredes de cristal de la mezquita se encuentra el evocador **cementerio de Karacaahmet**, fundado en el siglo XIV.

Nuhkuyusu Caddesi 2 • Cerrado el vi. y en los momentos de oración • Autobuses: 3, 13 • sakirincamii.net

Torre de la Doncella

6 Además de ser el escenario de dos películas de James Bond y de una docena de leyendas, la Torre de la Doncella (Kiz Kulesi) también ha aparecido en un billete turco. Fue erigida a solo 150 m de la costa de Üsküdar y es uno de los símbolos de Estambul. Debido a su peculiar ubicación, empezarás a enamorarte de ella paseando por la zona peatonal del paseo marítimo de Üsküdar, entre los pescadores lanzando sus cañas no muy lejos de la Mezquita Semsi Pasa. El edificio fue originalmente una estación de aduanas, después una torre de vigilancia en la época bizantina y luego otomana, sufrió primero un terremoto (1509), posteriormente un incendio (1721), pero siempre fue reconstruida. Con el tiempo ha ido cambiando de diversas funciones, convirtiéndose también en estación de cuarentena, semáforo e incluso residencia de ancianos para marineros. Accesible hasta hace poco con uno de los barcos que embarcan a turistas y residentes frente al pequeño puerto de Salacak, actualmente no se puede visitar porque ha sido objeto de importantes trabajos de restauración destinados a recuperar su arquitectura histórica.

Kiz Kulesi • 0216 342 4747 • €€ • Autobús: 12

■ **KADI NIMET**
Siéntate y disfruta de algunos de los mariscos más frescos del mundo en el espacio de Kadıköy. En su carta encontrarás especialidades de pescado frito, a la plancha o guisado y calamares envueltos en hojas de parra. **Serasker Caddesi 10/A, 0216 348 7389, €€**

■ **KANAAT LOKANTASI**
Kanaat, en Üsküdar, sirve platos de delicias de Anatolia desde 1933. Los platos que se ofrecen incluyen pollo de corral y kebab de berenjena. **Selmani Pak Caddesi 9, 0216 341 5444, €€**

■ **BALIKÇI LOKANTASI**
Excelentes platos de pescado a precios asequibles a un paso del puerto de Kadıköy. No hay menú, la pesca del día se elige directamente en el mostrador. **Teyyareci Sami Sokak 20/B, 0212 346 4014, €**

ESTAMBUL ASIÁTICA

Mercado de pescado de Kadıköy

7 Doscuadras al sur del puerto de Kadıköy se encuentra el mercado diario de pescado (Kadıköy Balık Pazarı). El efecto es el de una red de calles llenas de pescado, calamares, conchas y especias. Las amas de casa locales también compran quesos de Anatolia y carne *pastırma* seca. Muchas familias almuerzan en la calle con brochetas de mejillones fritos, que se venden en casi todas las esquinas. Si te gustan los dulces, dirígete a **Hacı Bekir** (*Muvakkithane 6/1, 0216 336 1519*)), que vende dulces caseros (turrón y delicias turcas) elaborados con jugo de fruta exprimido. Camina por una de las calles más evocadoras, **Güneşlibahçe Sokak**, y disfruta de fantasías para *gourmets* entre langostas, pulpos, hierbas del Egeo y cítricos. Aquí también se encuentra el **reino de los restaurantes Çiya** (ver pág. 25). El propietario, Musa Dagdeviren, es conocido por su devoción a la cocina de temporada y a las antiguas recetas de Anatolia, como el guiso de cordero con

Los habitantes de Estambul vienen de todas partes de la ciudad para comprar en el Mercado de pescado de Kadıköy.

hierbas. Las tres sucursales de Çiya aquí constan de dos especialistas en kebabs económicos y un bistró *(sofrası)*.

Güneşlibahçe Sokak • Tranvía: Kad ı köy; Autobús: 12

Moda

8 Moda es un enclave liberal a unos pasos al sur del **Mercado de Kadicöy**. Podrás perderte en su laberinto de calles repletas de pastelerías, librerías y floristerías. Junto a Moda Caddesi, mézclate con la gente del barrio para pasar una velada con Efes (cerveza turca), quizás entres en **Ali Usta** *(Moda Caddesi 176, 0216 414 1880)*, una de las heladerías más antiguas del barrio y una de las favoritas entre los residentes. Los lugareños se sienten atraídos sobre todo por los cafés frente al mar. El mejor *brunch* es el de **koço** *(Moda Caddesi 171/A)*, desde 1928 una institución capaz de combinar un sabroso pescado con un excelente vino turco.

Cruce entre Moda Caddesi y Ferit Tek Sokak • Tranvía: Moda Caddesi

Ferry por el Bósforo

9 Los barcos de **Şehir Hatları Ferries** *(€, sehirhatlari.istanbul)* conectan Kadıköy, Eminönü y Karaköy en unos veinte minutos. La experiencia es una de las imprescindibles en Estambul. Al amanecer y al anochecer, muchos de los 14 millones de viajeros de la ciudad utilizan estos ferries. Mientras pasas de un continente a otro con el viento en el pelo, únete a la multitud de la noche con una copa de *çay* humeante servida por el personal a bordo. En los días más fríos, hay un espacio cubierto para sentarse. Relájate y sumérgete en el atardecer de Asia y las **Islas Príncipe** (ver pág. 172). Los billetes están disponibles en las puertas de embarque y rara vez hay cola.

Rıhtım Caddesi • Metro: Kadıköy • Autobús: 12

UNA **CURIOSIDAD**

Los turistas que ya hayan disfrutado del **antiguo** tranvía İstiklal Caddesi (ver pág. 41) apreciarán sin duda el tranvía Moda (línea T3). En la ruta circular de Moda a Kadıköy, se garantiza que los vagones siempre estarán menos concurridos que en Beyoğlu.

ESTAMBUL ASIÁTICA

Mezquita Atik Valide

*Su última obra maestra corona al arquitecto Mimar Sinan
en una apoteosis de granito, mármol y llamativos azulejos İznik.*

El deslumbrante efecto de luz y colores en la cúpula de la Mezquita Atik Valide.

La Mezquita Atik Valide (Atik Valide Camii), que data de 1586, es la última
obra importante de Mimar Sinan. Algunos sostienen que el mayor arquitecto
de Turquía dio lo mejor de sí en esta creación. Situada en una colina sobre
Üsküdar, la gran cúpula domina el horizonte flanqueada por minaretes
gemelos. Más que cualquier otro sitio religioso de la ciudad, el complejo
disfruta de un espíritu relajado que insta a la calma y la contemplación.
Entra por el impresionante portal de piedra en Tekkeönü Sokak.

■ CORTE MUY FRESCA

Sigue los pórticos de piedra que rodean el patio en el sentido contrario a las agujas del reloj; los plátanos mediterráneos emergen de los exuberantes jardines de la izquierda. En las paredes de la derecha hay lápidas de la época otomana con inscripciones en árabe colocadas casi al azar. Disfruta del ambiente en el salón de té a mitad de los soportales, el ambiente se acentúa con el gorgoteo de la fuente de mármol (*şadırvan*) y el ronroneo de la colonia de gatos que se acercarán a ti en busca de mimos.

■ GLORIA OTOMANA

Al pasar por el pórtico de doble entrada original, notarás que el interior silencioso es mucho más oscuro que el de otras mezquitas a las que hayas entrado. El efecto hace que la mirada se va atraída por el intrincado diseño de los arabescos de la bóveda. Déjate sorprender por la majestuosa cúpula que descansa sobre las cinco cúpulas más pequeñas, decoradas con diseños en azul, rojo y dorado. Sobre el *mihrab* (nicho frente a La Meca) y el *minbar* (púlpito), a lo largo del último siglo se han restaurado o reemplazado antiguas luces de todas las formas y tamaños.

UNA **CURIOSIDAD**

La mezquita fue construida para Nurbanu Sultan, la esposa del supuestamente incompetente (y probablemente alcohólico) sultán Selim II. Veneciana de nacimiento, Nurbanu era el verdadero poder en el trono. Fue la primera de varias esposas en ejercer cierta influencia sobre sus maridos sultanes, hasta el punto de que la época se conoció como el «gobierno de las mujeres». Nurbanu también se convirtió en *valide* (madre del sultán, un puesto clave en la corte) cuando su hijo Murad III ascendió al trono. El propio Murad encargó a Sinan la construcción de la mezquita en honor a su madre.

■ DETALLES EXTREMADAMENTE REFINADOS

Los detalles, superiores de los de otros lugares, recuerdan que este edificio no es una mezquita cualquiera. De hecho, estaba dedicada a la poderosa madre del sultán a cargo (ver recuadro). Los azulejos de ambos lados del **mihrab** fueron hechos a mano por los famosos artesanos de İznik(ver pág. 79). Mirándolos, notarás los diseños más populares en ese momento: tulipanes, pájaros, flores, cipreses y peces nadando. Las enormes **puertas de madera** de la mezquita tienen incrustaciones de nácar, mientras que el **minbar** está hecho de mármol.

ESTAMBUL ASIÁTICA

Valide-i Atik Mahallesi • Cerrado el vi. y en los momentos de oración • Metro: Üsküdar

Los hammams

El baño turco con su vapor fusiona desde hace siglos las tradiciones de Oriente y Occidente. Combinando las prácticas termales de Asia Central con las de los romanos, los baños turcos de Estambul a menudo se construían como regalo de los sultanes al pueblo, al igual que las mezquitas y las fuentes. De forma espectacular, un simple baño de vapor en uno de estos antiguos espacios públicos es prácticamente una lección de arquitectura.

Un baño clásico con masaje turco en el **Hammam Cağaloğlu** de Sultanahmet.
Página opuesta: los clientes del Hammam Çemberlitaş se relajan contemplando los efectos de luz del techo.

Una historia de vapor

Los baños turcos en Estambul existen desde hace más de 500 años, únicamente para las necesidades higiénicas de los ciudadanos. Un hammam es popular como lugar para informarse, dormir y relajarse, lejos del ambiente hogareño o de las presiones del trabajo. Hasta la década de 1970, las matriarcas de la familia contactaban aquí a las posibles novias para sus hijos, evaluándolas también en función de sus atributos físicos. En los últimos años, la evolución de los baños de Estambul, como el Hammam Kılıç Ali Paşa en **Tophane** (ver págs. 114-115), combina el tratamiento ritual con la oportunidad de comprar artículos de lujo en la *boutique* adjunta.

Comportamiento

Si lo deseas, ponte en bikini o pantalones cortos; en caso contrario, envuélvete en la toalla fina (*peştemal*) que te proporcionan, las sandalias y sigue las indicaciones hasta el baño de vapor revestido de mármol. Si has solicitado un lavado con masaje exfoliante, un profesional te llevará a un rincón apartado para un tratamiento intensivo al final del cual, tras un baño en una habitación con menos vapor, te acompañará a una habitación donde podrás relajarte y refrescarte tanto como desees. Dependiendo del hammam, el pago se realiza a la entrada o a la salida. Si lo crees oportuno, añade una propina para el masajista.

Tesoros arquitectónicos

Detrás de los balnearios más espectaculares de la ciudad se encuentra el arquitecto más famoso del Imperio Otomano, Sinan (ver pág. 68). Çemberlitaş tiene un *göbek taşı* (losa de mármol caliente) en la entrada para tumbarse. Otro conjunto histórico es el **Hurrem Sultan** (*Ayasofya Meydanı 2, 0212 517 3535, hurremsultanhamami.com*), construido para la esposa de Solimán, Roxelana, con muchas habitaciones de mármol y sillones de madera.

LOS **HAMMAMS**

Çemberlitaş Hamam
Una joya arquitectónica de esplendor insuperable. A veces el servicio puede resultar un poco brusco. **Vezirhan Caddesi 8, 0212 522 7974, cemberlitashamami.com**

Cinili Hamam Hammam barato cerca de la mezquita Atik Valide (ver págs. 168 y 169) **Çavuşdere Caddesi 204, 0216 334 9710/553 1593, cinilihamam.com**

Kılıç Ali Paşa Hamamı Un brillante ejemplo de hammam histórico con un servicio suntuoso. **Hamam Sokak 1, 0212 393 8010, kilicalipasahamami.com**

Relajarse en primera línea de mar

Durante el verano, los residentes recogen su comida, juegos y equipaje y se trasladan a las costas de la ciudad. Las idílicas Islas Príncipe en el Mar de Mármara son elegidas por quienes aprecian su historia y su sobriedad. Las playas del Mar Negro, sin embargo, atraen a multitudes más jóvenes y a la moda.

◼ KINALIADA

Kınalıada es una de las nueve Islas Príncipe (Adalari) boscosas que se encuentran al sur de la costa asiática de Estambul. Estas islas han sido un refugio prestigioso durante el último milenio y Kınalıada es la más accesible. Se tarda 90 minutos en desplazarse y se puede llegar en barco *(Şehir Hatları, €, sehirhatlari. istanbul)* desde Kadıköy en el lado asiático y desde Kabataş en el lado europeo, con horarios que cubren todo el día.

◼ HEYBELIADA

El servicio que conecta Kınalıada llega a la segunda isla más grande de las Islas Príncipe. Heybeliada tiene playas largas y estrechas, villas del siglo XIX y un paseo marítimo. Para visitarlo, comienza desde la plaza central cerca de la terminal de embarcaciones y sigue una ruta costera de 7 km. Muchas calas, de más o menos fácil acceso, se prestan para un chapuzón en el mar.

◼ BÜYUKADA

Büyükada, que se traduce literalmente como «isla grande», es la más grande y distante de las Islas Príncipe y en el pasado acogió a famosos exiliados, incluido León Trotsky. Sus puntos de interés son la avenida marítima y la plaza principal, frente a la estación marítima. En su interior se camina por avenidas arboladas entre espléndidas villas de madera del siglo XIX. Hasta hace poco, la isla también se podía visitar en carruajes tirados por caballos, pero el frecuente maltrato a los animales llevó a que se prohibiera esta práctica. El punto más alto es el **Monasterio de Aya Yorgi** (200 m) y se puede llegar a pie o en bicicleta. El tramo final solo se puede recorrer a pie. En los alrededores, varios puntos de comida ofrecen bebidas frías y kebabs, pescado y otras especialidades locales, además del amplio panorama. El servicio Şehir Hatları conecta con Estambul.

La playa de Ayazma de Kınalıada se encuentra entre las más concurridas en verano.

■ KILYOS

La multitud anima las playas doradas de esta localidad del Mar Negro, a 35 km al norte del **Puente de Gálata** (Galata Köprüsü; ver pág. 113). Bastante tranquilo durante todo el año, en julio y agosto se transforma y los bares de moda casi llegan al agua. Entre las muchas actividades que se pueden practicar se encuentran el kitesurf, el windsurf y el body surf. Quien quiera llegar a la ciudad en transporte público puede tomar el ferry Şehir Hatları (ver pág. 172) hasta Sarıyer y luego el autobús *(nº 151)* en dirección norte.

■ ŞILE

Şile es un pueblo de pescadores a aproximadamente una hora en coche al norte de Estambul. Se puede llegar en autobús desde Üsküdar *(nº 139 y 139/A, en dirección norte)*. Los restaurantes de pescado y la playa son el primer impacto idílico al llegar a esta costa. La brisa del Mar Negro garantiza que Şile sea envidiablemente más fresca que Estambul, incluso en pleno verano. Como en todas las playas del Mar Negro, el baño solo se recomienda a expertos y en tramos de playa supervisados, debido a las fuertes corrientes.

PARTE 3

Consejos de viaje

PROGRAMAR EL VIAJE

Cuándo ir

Estambul es una ciudad de climas extremos, con veranos bochornosos e inviernos fuertes. Las épocas ideales para visitarlo son primavera y otoño. Durante los meses templados, a los residentes les gusta quedarse en la ciudad y animar bares y restaurantes. Sin embargo, tanto si vives en invierno como en verano, siempre podrás encontrar una cafetería donde calentarte junto a la chimenea o un animado bar en la azotea para admirar una deslumbrante puesta de sol.

En días festivos importantes, los horarios de apertura pueden variar. Las fechas clave son el **Día del Trabajo** (*1 de mayo*), el **Día de la República** (*28-29 de octubre*) y el aniversario de la **Muerte de Atatürk** (*10 de noviembre*). Durante la festividad islámica del **Ramadán** (de duración aproximada mensual, de 2023 a 2025 comenzará en marzo) oficinas y comercios, pero también algunos restaurantes y monumentos, cambian de apertura. Sin embargo, cierran durante celebraciones religiosas más cortas como **Ramazan Bayramı** (la fiesta de tres días que sigue al Ramadán) y **Kurban Bayramı** (que cae dos meses y diez días después de Ramazan Bayramı).

Seguro

Se recomienda un seguro médico privado. Para tratamientos de salud se te puede pedir que pagues por adelantado; realiza un seguimiento de tus gastos médicos a efectos del seguro. Recuerda que las empresas exigen una denuncia policial para compensar los daños derivados de la pérdida o robo de efectos personales.

Documentos

Desde la Comunidad Europea se necesita pasaporte o documento de identidad válido para viajar al extranjero, con al menos cinco meses de validez residual. No se requiere visa de entrada con fines turísticos para estancias inferiores a 90 días. Al entrar en Turquía, la policía de fronteras no acepta los documentos de viaje que estén dañados o con las cubiertas sueltas. La validez residual mínima del documento en la fecha de entrada a Turquía debe ser de 5 meses.

CÓMO LLEGAR

En avión

Los vuelos internacionales aterrizan en uno de los dos aeropuertos de Estambul. Las principales aerolíneas hacen escala en el aeropuerto más grande, el **Istanbul Airport** (*Istanbul Havalimanı; 0 444 1442, istairport.com*), en el lado europeo de la ciudad. Las compañías AnadoluJet y Pegasus Airlines, sin embargo, prestan servicio generalmente **al Aeropuerto Sabiha Gökçen** (*Sabiha Gökçen Havalimanı; 0216 588 8888, sabihagokcen. aero*), en el lado asiático.

Ambos aeropuertos son modernos y ofrecen servicios esenciales.

El Istanbul Airport está situado a unos cuarenta kilómetros al norte del centro de Estambul (Plaza Taksim), no lejos de la costa del Mar Negro. Los taxis (*taksi*) salen fuera de la terminal de llegadas (el trayecto hasta la Plaza Taksim dura unos 45 minutos o una hora, dependiendo del tráfico). Los autobuses **Havaist** (*hava. ist*) hacen varias paradas tanto en la parte occidental como en la oriental de la ciudad (paran en Bakirköy o en la Plaza Taksim). Los autobuses de transporte público **IETT** (*iett. istanbul*) también proporcionan numerosas conexiones. También está en construcción la línea M11 que conectará el aeropuerto con la red de metro de la ciudad (inauguración prevista para 2023).

Los taxis también salen fuera de la zona de llegadas de Sabiha Gökçen. Un taxi hasta el centro, cruzando la zona del Bósforo, tarda aproximadamente 1 hora. El tiempo de viaje de los autobuses de la compañía **Havabus** (*havabus.com*) entre Taksim y Sabiha Gökçen también es de 1 hora, salvo retrasos de tráfico (salidas cada media hora).

CÓMO MOVERSE

Transportes públicos

El transporte público de Estambul es excelente y cuenta con más de una docena de medios, entre ellos: funiculares, ferries y un túnel subterráneo bajo el Bósforo. La tarjeta prepago **Istanbul Kart** *(disponible en aeropuertos, la mayoría de quioscos, estaciones de metro y tiendas especializadas)*, agiliza las colas en los tornos de todos los sistemas de transporte de la ciudad. Los niños hasta cinco años viajan gratis.

En barco
La compañía de ferry más grande de Estambul es **Istanbul Deniz Otobüsleri** *(ido. com.tr)*. Los barcos salen de Eminönü, Karaköy, Üsküdar, Kabataş, Bakirköy, Yenikapı, Besiktaş; Kadıköy y otros embarcaderos más pequeños en el Bósforo y en el Mar de Mármara.

Metro, tranvía y autobús
Todos los destinos están bien conectados mediante transporte público. Utiliza la **Istanbul Kart** (ver arriba), pero evita el tráfico en las horas punta. Para horarios y rutas consulta *iett.istanbul*.

En taxi
Las calles de Estambul están llenas de taxis de color amarillo claro *(taksi)*. Equipados con taxímetro, son relativamente económicos, especialmente si compartes el viaje con otros pasajeros. Asegúrate de indicar claramente tu destino al conductor y recuerda que hay un cargo por equipaje.

TOURS Y VISITAS GUIADAS

Vueltas en bicicleta
Estambul está experimentando una revolución sobre dos ruedas con la construcción de carriles bici a lo largo del Bósforo. La agencia **Istanbul On Bike** *(istanbulonbike.com)* ofrece recorridos por la Ciudad Vieja y el bosque de Belgrado, al norte de la ciudad en la costa europea.

Vueltas en barco
La mejor manera de apreciar el Bósforo es en barco, en las rutas públicas de ferry que conectan los principales puertos de la ciudad.
El **Bosphorus Tours** ofrece excursiones de un día de varias horas *(ver pág. 25, €€ - €€€, bosphorustours.com y turyol. com)*, que salen todas las mañanas y todas las tardes desde el puerto de Eminönü o el embarcadero de Kabataş. Los ferries pasan por **el Palacio Dolmabahçe** (Dolmabahçe Sarayı; ver págs. 152-153), el Palacio Beylerbeyi (Beylerbeyi Sarayı, ver pág. 162) y una veintena de otras grandes residencias en la costa. Los recorridos más largos incluyen una parada para almorzar en Anadolu Kavagi, un pueblo cerca del Mar Negro.

Vueltas en autobús
Tomar un autobús de **Big Bus Company** *(bigbustours.com)* es una excelente manera de moverse. Sus billetes de 24, 48 o 72 horas permiten a los pasajeros subir y bajar del autobús con techo panorámico en cualquier lugar, desde Sultanahmet, el centro histórico de Estambul, hasta el **Mercado de las Especias** (Mısır Çarşısı, ver pág. 78), pasando por **el Palacio de Beylerbeyi** (Beylerbeyi Sarayı, ver pág. 162) en la costa asiática.

Excursiones a pie
Culinary Backstreets *(€€€€, culinariabackstreets.com)* guía a pequeños grupos de excursionistas por los rincones gastronómicos más curiosos de Estambul, no solo en el centro histórico del distrito de Fatih, sino también en zonas no invadidas por itinerarios turísticos y normalmente poco visitadas, descubriendo delicias como el cordero asado y la nata cuajada *(kaymak)*.

Museum Pass
La compra de un **Museum Pass** de cinco días*(€€€€, muzekart.com)* te dará entrada gratuita a una selección de museos y te permitirá ahorrar una gran cantidad de tiempo. Puedes saltarte todas las colas y entrar directamente, entre otros, a los siguientes museos: los **Museos Arqueológicos de Estambul** (İstanbul Arkeoloji Müzeleri; ver págs. 58-59); el **Museo del Mosaico del Gran Palacio** (Büyük Saray Mozaikleri Müzesi, ver pág. 71); el **Museo de Arte Turco e Islámico** (Türk ve İslam Eserleri Müzesi, ver pág. 104); el **Palacio de Topkapı** (Topkapı Sarayı; ver págs. 62-65) y su harén. El pase también permite

la entrada gratuita, o con descuento, a los sitios arqueológicos. El pase se puede adquirir en las taquillas de cualquiera de los museos afiliados.

CONSEJOS PRÁCTICOS

Electricidad
Los sistemas eléctricos turcos funcionan a 220 voltios / 50 Hz. Los enchufes aceptan enchufes redondos de dos clavijas, los mismos que se utilizan en Europa.

Los bancos y la moneda
El dinero se puede cambiar en casi cualquier banco. En Estambul hay oficinas de cambio en los aeropuertos y a lo largo de İstiklal Caddesi. Las transacciones en el Gran Bazar se pueden pagar en euros, así como en liras turcas (Türk Lirasi, abreviado TL). En Estambul se aceptan tarjetas de crédito (Mastercard, Visa y American Express) y tarjetas de débito en casi todos los establecimientos. En muchas calles hay bancos y cajeros automáticos. Asegúrate de recordar tu código PIN.

Horarios de apertura
■ Museos: generalmente 8:30/9:00 h.-19:30/20:00 h. El cierre semanal es generalmente los lunes o martes (las mezquitas cierran total o parcialmente los viernes).

■ Bancos y oficinas de correos (PTT): de 9:00-12:00 h. y de 13:30-17:00 h.

■ Restaurantes: suelen abrir todo el día, las cocinas abren para el desayuno sobre las 8 de la mañana y no cierran hasta bien entrada la noche o incluso a primera hora de la mañana. Los turcos cenan bastante tarde según los estándares europeos y los restaurantes tienden a llenarse a partir de las 9 de la noche. Los bares y cafeterías permanecen abiertos hasta tarde.

■ Tiendas: de 10:00-19:00 h., normalmente abiertas de lunes a sábado. En particular las de la zona central de İstiklal Caddesi permanecen abiertas hasta las 22:00 h. o incluso más tarde. Sin embargo, los grandes supermercados están abiertos hasta las 22:00 h.

■ Farmacias: de 9:00-19:00 h. de lunes a sábado. Cada barrio dispone también de una farmacia nocturna.

Oficinas de correos
Las oficinas de correos (PTT, ptt.gov.tr) se encuentran repartidas por toda Estambul. Las oficinas principales en la ciudad son las sucursales de **Sirkeci** (Büyük Postane, Büyük Postane Caddesi, 0212 526 1200) y **Galatasaray** (İstiklal Caddesi 90, 0212 249 0796). Puedes comprar sellos en la oficina de correos o en cualquier tienda que venda postales.

Religión
Turquía es un país musulmán sunita, aunque otras religiones también están representadas en Estambul. Las otras

religiones más importantes son la griega ortodoxa y la cristiana armenia. Hay sinagogas en Gálata y Balat, también dos importantes iglesias católicas en İstiklal Caddesi.

Baños públicos
Los baños públicos (tuvalet) están muy extendidos. Las mezquitas siempre ofrecen baños públicos. Encontrarás muchos baños públicos de estilo occidental, pero también encontrarás baños en cuclillas más clásicos. Como norma general, el papel higiénico siempre se debe tirar en un cubo de basura situado junto al inodoro.

Teléfonos
Los turcos se vuelven locos por los teléfonos móviles y, a menudo, cada uno tiene uno. El WiFi es omnipresente y se puede encontrar en todos los hoteles, cafeterías y bares. Desactiva el roaming de datos en tu smartphone para evitar enormes costes derivados del consumo de datos internacional.
Todos los números turcos constan de 11 dígitos: un código de área de cuatro dígitos (0212 o 0216 para Estambul) más un número de siete dígitos. Si llamas a Turquía desde el extranjero debes marcar el prefijo internacional (00 de España), agregar 90 para Turquía, continuar con el código de área menos el 0 inicial y luego el número de teléfono. El mismo sistema se aplica a los números de teléfonos móviles. Para llamar

al extranjero desde Turquía marca 00, luego el código de destino internacional (34 para España), el código de área y el número de teléfono. Para obtener ayuda, comunícate con operadores internacionales marcando el 115.

Zona horaria
Turquía está incluida en la zona horaria de Europa del Este y no adopta el horario de verano (+1 hora respecto a España en verano, +2 en invierno).

Propinas
Aunque dar propina no era una tradición, se ha adoptado con entusiasmo en Turquía: hoy en día la mayoría de los trabajadores de hoteles esperan una pequeña propina de los extranjeros, y no dejar nada se interpreta como mala educación. En los restaurantes, una propina del 10 % se considera generosa. En todos los demás casos (cafés, bares, taxis, porteros), redondea la cuenta o añade un par de liras.

Viajeros con diversidad funcional
Los hoteles de alta gama y los monumentos turísticos destacados generalmente están equipados con comodidades para viajeros con diversidad funcional. Sin embargo, no encontrarás mucho más. Casi todas las calles y aceras son desiguales. Algunos ascensores y baños pueden ser estrechos.

INFORMACIÓN TURÍSTICA

Páginas web
El portal oficial del **Ministerio de Asuntos Exteriores**, Unión Europea y Cooperación contiene información sobre las recomendaciones de viaje y seguridad en Estambul.
También son de interés el sitio web oficial del **Ministerio de Cultura y Turismo** (*ktb.gov.tr*), el sitio web de promoción turística de Turquía (*goturkiye. com*) y el sitio web turístico del municipio de Estambul (*visit. istanbul.com*).
Ninguno de estos está traducido al español (disponible en inglés).

Oficinas de turismo locales
Las oficinas de turismo locales probablemente sean menos fiables que el personal de tu hotel a la hora de aconsejarte sobre excursiones, horarios de apertura y días de destino.

EMERGENCIAS
Consulado español: *Levent, Karanfil Aralığı, Nº16, 34330 Beşiktaş/İstanbul, 0212 243 10 24 - 243 10 25 https://www.exteriores.gob.es/ Consulados/estambul/es/ Paginas/index.aspx*

Números de teléfono de emergencia
Ambulancia *112*
Bomberos *110*
Policía *155*
Policía turística *0212 527 4503*

Salud
No se requieren vacunas específicas para viajar a Turquía. Evita el agua del grifo y opta por agua embotellada. A partir de junio de 2022, ya no se exigirán certificados ni pruebas de vacunación para entrar en Turquía. En caso de aparición de síntomas de COVID-19, cualquier persona aún está obligada a informar de esta situación a la Autoridad Sanitaria y someterse a aislamiento.
Los medicamentos y antibióticos de venta libre se pueden conseguir fácilmente en las farmacias (*eczane*) de toda la ciudad. Los hospitales con personal que habla inglés son el **Hospital Americano** (Amerikan Hastanesi; *0212 311 2000, amerikanhastanesi. org*) en Nişantaşi y el **Hospital Alemán** (Alman Hastanesi; *0212 293 2150)* en Taksim.

Objetos perdidos
En caso de pérdida o robo de documentos, pasaporte u objetos de valor comunícate con la **Policía Turística** (*0212 527 4503*). Al comienzo de Divan Yolu Caddesi, al norte de Sultanahmet Meydanı. Presenta un informe policial oficial; lo necesitarás para obtener un pasaporte de reemplazo y para el seguro.

HOTEL

Los hoteles en Estambul son lugares cómodos y agradables, además de extremadamente sofisticados y con clase, diseñados para satisfacer a los viajeros exigentes y cosmopolitas. Todos los hoteles enumerados aquí tienen WiFi gratuito, habitaciones para no fumadores y aceptan tarjetas de crédito. Todos estos hoteles pueden organizarte un traslado desde/hacia el aeropuerto, aunque es más económico utilizar el transporte público o un taxi.

Alojamientos

Los hoteles de Estambul se clasifican en cuatro macrocategorías: lujo, boutique, histórico y económico (budget). Cada categoría tiende a concentrarse en una zona particular de la ciudad. En los últimos años se han abierto varios hoteles de lujo en Nişantaşi y Beşiktaş, como el **Raffles** y **el W Hotel**. Cuentan con restaurantes galardonados y guías turísticos entre su personal. A menos que prefieras explorar las calles alrededor del hotel, los huéspedes suelen utilizar taxis para llegar a los principales monumentos.

Menos caros son las decenas de hoteles boutique, como **el SuB Hotel** o **el Hammamhane**, que han comenzado a funcionar en las últimas décadas. Todos están situados en la zona de la moda de Beyoğlu y Karaköy: equipados con librerías, outlets y galerías de arte, se tarda 15 minutos en llegar al centro histórico en taxi o tranvía. Algunas residencias también se encuentran aquí. Los hoteles históricos de Estambul, como el **Neorian** y **el Empress Zoe,** tienen precios similares. Casi todos están ubicados en el casco viejo, una zona muy transitada pero muy céntrica en cuanto a monumentos. Los mejores hoteles boutique cuentan con lavabos de mármol e incluso permiten elegir el tipo de almohada. Muchos también tienen habitaciones excéntricas cubiertas de alfombras y kilims. Los hoteles económicos de la ciudad se encuentran dispersos por Beyoğlu y a lo largo de las estrechas calles del casco viejo. Los que se enumeran aquí no solo están limpios y ordenados, sino que también ofrecen algo innovador y especial. Por ejemplo, el **Zaz** es un concepto de apartahotel con cuatro habitaciones y una terraza panorámica compartida. El **Bunk** es un albergue de alta tecnología que cuenta con habitaciones dobles que parecen diseñadas por la NASA. Todos los hoteles, excepto los más caros, siempre ofrecen un fabuloso desayuno turco con huevos, queso, aceitunas, tostadas y té.

Dado que el número de visitantes a Turquía crece cada año, es aconsejable reservar alojamiento con la mayor antelación posible. Los visitantes que reservan un hotel con dos meses de antelación suelen recibir un generoso descuento. Lamentablemente Estambul no es una ciudad tranquila. Sus 14 millones de habitantes seguirán comiendo y bebiendo hasta altas horas de la noche y luego irán tranquilamente a trabajar a la mañana siguiente. Sin embargo, los mejores edificios tienen doble acristalamiento y salas especiales de «silencio». Para los viajeros con movilidad reducida, los hoteles modernos del llano casco antiguo son preferibles a los de Beyoğlu, con sus aceras irregulares.

Rango de precios

El coste de una habitación doble en temporada alta se indica mediante la cifra de **€**.

€€€€€ Más de 300€
€€€€ 150€-300€
€€€ 90€-150€
€€ 60€-90€
€ Menos de 60€

Leyenda

- **(I)** *Nº de habitaciones*
- *Medio de transporte*
- **(P)** *Aparcamiento*
- *Ascensor*
- *Aire acondicionado*
- *No fumadores*
- *Piscina al aire libre*
- *Piscina cubierta*
- *Gimnasio y bienestar*
- *Tarjetas de crédito*

EL CASCO VIEJO

Todos los principales lugares de interés histórico de Estambul, incluida Santa Sofía (Ayasofya Camii), la Mezquita Azul (Sultan Ahmet Camii) y el Palacio de Topkapi (Topkapı Sarayı), se encuentran a poca distancia de todos los hoteles de este barrio atemporal. Las tiendas y restaurantes locales son turísticos, pero los hoteles están imbuidos del encanto del casco antiguo.

■ HOTEL FOUR SEASONS ISTANBUL EN SULTANAHMET
€€€€€
TEVKIFHANE SOKAK 1, SULTANAHMET
TELÉFONO 0212 402 3000
fourseasons.com/istanbul
La vida en este histórico edificio otomano se ha convertido en un paraíso desde que pasó a formar parte de la lujosa cadena Four Seasons. Las espléndidas habitaciones cuentan con baños de mármol, equipos electrónicos de alta tecnología, altavoces Bose y un sabor decididamente asiático. El famoso *brunch* dominical atrae a la élite social de Estambul y más allá.
Sultanahmet **(I)** 65
Los principales

■ HOTEL WHITE HOUSE
€€€€
ÇATALÇEŞME SOKAK 21, SULTANAHMET
TELÉFONO 0212 526 0019
estambulwhitehouse.com
Entre los numerosos hoteles de Sultanahmet, la acogida en el White House está sin duda por encima de la media. El personal es amable y las pequeñas habitaciones de estilo otomano están decoradas con mucho cariño. El hotel también disfruta de una ubicación bien situada en relación con los principales monumentos turísticos de Estambul. Grandes descuentos fuera de temporada y transporte gratuito desde/hacia el aeropuerto para huéspedes que se alojen tres o más días.
Sultanahmet **(I)** 22 **(P)**
Los principales

■ HOTEL EMPRESS ZOE
€€€
ADLIYE SOKAK 10, SULTANAHMET
TELÉFONO 0212 581 2504
emzoe.com
Un verdadero hotel boutique con habitaciones románticas, muchas de las cuales tienen frescos y un toque de antigüedad. Jardín encantador. La llamada a la oración se puede oír desde la cercana Mezquita Azul, cuyas escaleras estrechas y empinadas la hacen inadecuada para personas con dificultades para caminar.
Sultanahmet **(I)** 23
los principales

■ HOTEL IBRAHIM PASHA
€€€
TERZIHANE SOKAK 7, SULTANAHMET
TELÉFONO 0212 518 0395
ibrahimpasha.com
Un hotel elegante que combina los orígenes del siglo XIX con chimeneas, muebles contemporáneos y una colección de DVD y libros. Asciende desde el vestíbulo de diseño al bar exclusivo para huéspedes. Habitaciones elegantes y tranquilas. Una terraza panorámica da a la Mezquita Azul.
Sultanahmet **(I)** 24
los principales

■ HOTEL AMIRA
€€€€
MUSTAFAPAŞA SOKAK 43, SULTANAHMET
TELÉFONO 0212 516 1640
hotelamira.com
Un lugar exclusivo en el corazón del casco viejo. Las habitaciones presentan una refinada decoración contemporánea con baños equipados con duchas de lluvia o de hidromasaje. Además de la tranquila ubicación, la atracción principal es la impresionante vista al mar desde la azotea.
Sultanahmet **(I)** 34
los principales

■ BERCE HOTEL

€€€€

MUSTAFAPAŞA SOKAK 11, SULTANAHMET

TELÉFONO 0212 518 8883

hotelberce.com

A solo unos cientos de metros de todos los monumentos del casco viejo, incluidos la Mezquita Azul y Santa Sofía. Las habitaciones son modernas y la terraza panorámica es perfecta para desayunar o disfrutar de un aperitivo con vistas al Bósforo.

🚇 *Sultanahmet* 🚊 7 🔲 🔲 ♿ *los principales*

GRAN BAZAR Y EMINÖNÜ

Hay pocos hoteles en este distrito comercial tan concurrido, la mayoría de ellos se encuentran a poca distancia de la estación marítima de Eminönü.

■ NEORION HOTEL

€€€

ORHANIYE SOKAK 14, EMINÖNÜ

TELÉFONO 0212 527 9090

neorionhotel.com

La excelente ubicación satisface las expectativas del cliente. Las habitaciones son muy acogedoras y están decoradas con pinturas de temática otomana. La sauna finlandesa y la sala de vapor se combinan con paseos a los principales monumentos turísticos y una copa de Chardonnay turco en la terraza de la azotea.

🚇 *Sirkeci* 🚊 30 🔲 🔲 ♿ 🔲
📺 ♿ *los principales*

■ SIRKECI MANSION

€€€

TAYA HATUN SOKAK 5, EMINÖNÜ

TELÉFONO 0212 528 4344

sirkecimansion.com

Hotel decorado en un refinado estilo otomano a pocos minutos de la residencia del sultán, donde podrás relajarte gracias al hammam y a la piscina cubierta. Elegantes habitaciones decoradas con tallas de madera y equipadas con TV vía satélite. El restaurante Neyzade ofrece cocina clásica para disfrutar en verano en la terraza panorámica con vistas al Bósforo.

🚇 *Sirkeci* 🚊 32 🔲 🔲 ♿ 🔲
📺 ♿ *los principales*

■ DIVANI ALI HOTEL

€€

DIVANI ALI SOKAK 7, BEYAZIT-GRAN BAZAR

TELÉFONO 0212 638 1200

divanalihotel.com

Gran valor y esplendor otomano en una calle de 150 años. Sumérgete en el jacuzzi de la azotea después de un viaje de compras al Gran Bazar, a solo dos minutos a pie.

🚇 *Beyazit* 🚊 32 🔲 🔲 ♿ 🔲
♿ *los principales*

■ HOTEL NILES

€€€

DIBEKLI CAMI SOKAK 13, BEYAZIT-GRAN BAZAR

TELÉFONO 0212 517 3239

hotelniles.com

Hotel galardonado de gestión familiar en un edificio del siglo XIX bellamente renovado. Toma un té en la terraza interior del elegante hall o en medio de la jungla de plantas en la azotea, donde también se sirve el fabuloso desayuno. Excelentes ofertas reservando con mucha antelación.

🚇 *Beyazit* 🚊 39 🔲 🔲 ♿ 📺
♿ *los principales*

EL SUR DEL CUERNO DE ORO

Los amantes de la historia son los primeros en decidir alojarse en esta zona residencial atemporal.

■ TROYA HOTEL BALAT

€€

ABDÜLEZELPAŞA CADDESI 97, FENER

TELÉFONO 0212 531 4858

Marcadas referencias helénicas en este hotel boutique creado a partir de la «fusión» de cuatro edificios de principios del siglo XX en un único complejo, que ha mantenido los techos de madera y las decoraciones de las paredes pintadas a mano. Está situado en el barrio griego de Fener, en la orilla occidental del Cuerno de Oro, no lejos de la Iglesia Ortodoxa de San Jorge. Cenarás con las especialidades de la gastronomía greco-turca en la taberna Barba Vasilis.

🚇 *Fener* 🚊 16 🅿 🔲 🔲 ♿
los principales

GÁLATA Y KARAKÖY

Karaköy es un barrio en auge y sin duda uno de los más de moda de Estambul, con un notable número de hoteles boutique con vistas a sus cafés al aire libre. Gálata tiene una selección de hoteles igualmente elegantes.

■ THE BANK HOTEL ISTANBUL
€€€€
BANKALAR CADDESI 5, KARAKÖY
TELÉFONO 0212 283 0055
thebankhotelistanbul.com
Antigua sede del Deutsche Bank de Estambul que data de 1867, desde 2014 es un hotel boutique que ha mantenido su estilo ecléctico original. Los azulejos originales y los escalones de piedra se combinan con suelos de parqué y baños de mármol. Entre los restaurantes del hotel, Serica ofrece un menú inspirado en la Ruta de la Seda. No te pierdas el bar de cócteles en la terraza, con vistas al Cuerno de Oro.
🚋 *Karaköy* k 62 ⬇ 🛇 📺 🛇
🛇 *los principales*

■ SUB HOTEL
€€€€
NECATIBEY CADDESI 91, KARAKÖY
TELÉFONO 0212 243 0005
subkarakoy.com
En el barrio de moda de Karaköy, el SUB está abierto desde 2014, a un paso del Istanbul Modern y rodeado de restaurantes de moda. Cada habitación tiene camas de acero y baños de diseño. El personal está muy bien informado sobre qué ver, comer y comprar en la ciudad. Disfruta de la brisa en el bar de la azotea del hotel.

🚋 *Tophane* ⓘ 20
🅿 ⬇ 🛇 🛇 🛇 *los principales*

■ CHEERS PORTHOUSE
€€€
MUMHANE CADDESI 31, KARAKÖY
TELÉFONO 0212 292 3850
cheersporthouse.com
Inaugurado en 2018 en un edificio histórico situado en una tranquila calle lateral de Karaköy, a pocos pasos de tiendas de moda, restaurantes y discotecas bohemias, es un albergue con habitaciones luminosas, amuebladas en un estilo moderno, esencial pero acogedor.
🚋 *Tophane* ⓘ 10 ⬇ 🛇 🛇
🛇 *Los principales*

EL CORAZÓN DE BEYOĞLU

Nobles y viajeros elegantes han dormido en Beyoğlu desde tiempos inmemoriales, y el barrio todavía cuenta con la mejor colección de hoteles, bares y tiendas de alta gama de la ciudad.

■ PERA PALACE
€€€€€
MEŞRUTIYET CADDESI 52, BEYOĞLU
TELÉFONO 0212 377 4000
perapalace.com
Un cóctel en Pera Palace te sumerge en la historia. Aquí se sintieron como en casa la espía Mata Hari, la escritora de misterio Agatha Christie, el novelista Ernest Hemingway y el padre fundador de la República turca Atatürk (cuya

habitación se ha transformado en un museo dedicado a él). Este hotel, que alguna vez fue chirriante, ha sido lujosamente restaurado respetando la suntuosa arquitectura *art nouveau*. Su excelente gastronomía incluye la cocina franco-turca del Restaurante Agatha, una exquisita pastelería y el clásico Orient Bar.
🚋 *Tünel* ⓘ 115 ⬇ 🛇 🚕
📺 🛇 🛇 *los principales*

■ WITT SUITES
€€€€€
DEFTERDAR YOKUŞU 26, CIHANGIR, BEYOĞLU
TELÉFONO 0212 293 1500
wittistanbul.com
Dieciocho habitaciones de lujo contemporáneas clasificadas entre las mejores de Estambul por viajeros y revistas. Las habitaciones son amplias (mínimo 30 m^2) y con baños de mármol. Imprescindible la azotea dedicada a la permacultura, con vistas al Cuerno de Oro y a la Torre de Gálata.
🚋 *Tophane* ⓘ 18 ⬇ 🛇
🛇 🛇 *los principales*

■ TOMTOM SUITES
€€€€
TOMTOM KAPTAN SOKAK 18, BEYOĞLU
TELÉFONO 0212 292 4949
tomtomsuites.com
Lo que comenzó como el anexo de la cercana embajada francesa es ahora un hotel boutique de estilo nórdico con muebles hechos a mano, paredes que exhiben obras de arte, duchas de lluvia y una

extensa biblioteca de literatura y música. Las vistas del Bósforo son espléndidas.
🔲 *Tophane* ⓘ 20 🔁 🔳 🔳
🔳 *los principales*

■ I'ZAZ
€€
BALIK SOKAK 12, BEYOĞLU
TELÉFONO 0212 252 1382
izaz.com
Alojamiento estructurado en varias plantas, cada una de las cuales alberga un apartamento caracterizado por un elegante diseño minimalista, con un dormitorio y un apartamento relacionado en cada planta. Las comodidades incluyen baños de diseño, muebles de madera maciza y WiFi ultrarrápido. Los huéspedes comparten la cocina y una terraza en la azotea con vistas a los jardines del Consulado Británico. Se encuentra a dos cuadras de İstiklal Caddesi.
🔲 *Tünel* ⓘ 4 🔁 🔳 🔳 🔳
los principales

■ PERADAYS
€€
HAMALBAŞI CADDESI 32,
BEYOĞLU
TELÉFONO 0212 245 1271
peradays.com
Ubicado en un edificio del siglo XIX, es probablemente el bed and breakfast con más encanto de Beyoğlu. Dispone de nueve suites de diseño premiadas, así como de una terraza panorámica donde los huéspedes pueden disfrutar de un abundante desayuno turco o tomar un aperitivo por la noche.

🔲 *Taksim* ⓘ 9 🔁 🔳 🔳 🔳
los principales

■ WABI SABI
€€
PAPA RONCALLI SOKAK 34,
TAKSIM
TELÉFONO 0542 139 3011
wabisabihostels.com
No muy lejos de la plaza Taksim, es un albergue con un ambiente animado, caracterizado por un diseño contemporáneo con habitaciones y dormitorios amueblados en un estilo minimalista pero confortable. El personal, extremadamente servicial y amable, organiza diversas actividades nocturnas por la noche, como conciertos, barbacoas (con opción de verduras) y proyecciones de películas. El sexto piso alberga el bar, donde podrás disfrutar de un cóctel con vista a la ciudad.
🔲 *Taksim* ⓘ 45 🔁 🔳 🔳
🔳 *los principales*

BÓSFORO Y NIŞANTAŞI

La periferia más versátil de la ciudad alberga los hoteles más elegantes. ¿La otra cara de la moneda? Para llegar a los principales sitios históricos y estaciones de transporte público, generalmente, se necesita un taxi.

■ RAFFLES
€€€€€
ZORLU CENTER, ZINCIRLIKUYU
TELÉFONO 0212 924 0200

raffles.com/istanbul
Desde 2014, esta sorprendente y galardonada dirección de la cadena hotelera de lujo Raffles se encuentra entre los mejores hoteles de Estambul. El edificio forma parte del ultramoderno complejo multifuncional Zorlu Center, que domina la capital con una vista panorámica de toda la ciudad. Todo está pensado para garantizar una estancia de lujo: desde el refinado mobiliario de las habitaciones, suites y apartamentos, hasta la oferta gastronómica, que cuenta con pastelería y restaurantes de cocina internacional (Rocca Brasserie) y asiática (Isokyo), además de salón y coctelería; pero la joya de la corona es la piscina en la azotea y el spa de 3.000 m², con tres hammams.
🔲 *Gayrettepe* ⓘ 185 🅿 🔁
🔳 🔳 🔳 🔳 🔳 🔳 *los*
principales

■ PARK HYATT ISTANBUL - MAÇKA PALAS
€€€€€
BRONZ SOKAK 4,
NIŞANTAŞI
TELÉFONO 0212 315 1234
estambul.park.hyatt.com
El Maçka Palas ocupa un magnífico edificio *art déco* construido por arquitectos italianos en 1922 y es una de las ofertas más exclusivas de Estambul (aunque el más elegante de la cadena es el Grand Hyatt en la plaza Taksim), que combina el lujo de un estilo antiguo con

características de alta
tecnología.
🚇 *Osmanbey* 🛈 90
🔘🔵🔲⛱🔳 🔷 *los
principales*

■ W ISTANBUL
€€€€
SÜLEYMAN SEBA CADDESI 22,
BEŞIKTAŞ
TELÉFONO 0212 381 2121
marriott.com
Absolutamente único, es uno
de los hoteles más modernos
de Estambul. Entre las ricas
comodidades de las
habitaciones destacan las
codiciadas colchas y lavabos
de mármol. Algunas
habitaciones también cuentan
con jardines privados, cabinas
al aire libre y una terraza
panorámica. El bar salón es
muy moderno y tiene su
propio restaurante.
🚇 *Beşiktaş Terminal del ferry*
🛈 140 🔘🔵🔳🔲 🔷 *los
principales*

ESTAMBUL
ASIÁTICA

Los hoteles del lado asiático
de Estambul son tranquilos,
refinados y elegantes con
sobriedad.

■ SUMAHAN ON THE
WATER
€€€€€
KULELI CADDESI 43,
ÇENGELKÖY
TELÉFONO 0216 422 8000
sumahan.com
Elaborado a partir de una
antigua destilería otomana de
raki, se extiende sobre el
Bósforo. Además del
restaurante en la terraza-
jardín junto al mar, también es
imprescindible el centro de
bienestar con hammam
tradicional.
⛴ *Terminal de ferry Çengelköy*
🛈 13 🅿🔵🔳🔲 🔷 *los
principales*

■ AKIN SUITES
€€
KIRMIZI KUŞAK SOKAK 18,
KADIKÖY
akinsuites.com
TELÉFONO 0216 405 1370
Colección de apartamentos de
diseño en el corazón de
Kadıköy, a dos minutos de los
barcos y del Mercado de
pescado. Los huéspedes
pueden preparar su propia
cena y el desayuno que se
sirve en la sala común es
legendario.
⛴ *Terminal de ferry Kadıköy*
🛈 18 🔘🔵🔲 🔷 Los
principales

■ JULIET ROOMS &
KITCHEN
€€€
ŞIFA SOKAK 31
MODA
julietistanbul.com
TELÉFONO 0542 348 7004
En una bucólica avenida
arbolada, cerca de discotecas
y restaurantes en el lujoso
distrito de Moda, se presenta
como una mezcla entre la
elegancia del hotel y la
hospitalidad del albergue.
Pequeñas y encantadoras
habitaciones con ducha de
mármol. La oferta
gastronómica del desayuno es
refinada y se puede consumir
cuando hace buen tiempo en
la cafetería al aire libre.
⛴ *Terminal de ferry Kadıköy*
🛈 14 🔵 🔷 *los principales*

Desayuno

Gözleme A medio camino entre una crep y una tortita, se encuentra el tradicional pan turco relleno, fino y sabroso, relleno de carne picada, queso (feta), espinacas y patatas.
Menemen Huevos revueltos con tomate, cebolla y pimiento verde.

Entrantes y *meze*

Borek Hojaldre relleno de verduras, queso o carne.
Cacik Salsa fría de yogurt, pepino, ajo y menta. Es el equivalente turco del tzatziki griego.
Çorba Tipos de sopas, cuyas variaciones más populares son *mercimek çorbası* (con lentejas y verduras) y *ezogelin çorbası* (con bulgur, lentejas rojas y menta).
Mezé Una selección de degustaciones para compartir: *soğuk mezeler* (*meze* frío) seguido de *mezeler sicak* (*meze* caliente).
Mücver Tortitas de calabacín y queso blanco.
Peynir Queso en turco; *beyaz peynir* (queso blanco, similar al feta), *kaşar* (amarillo, más sazonado).
Salata Ensalada (lechuga).
Turşu Pepinillos.
Yaprak dolmasi Hojas de parra rellenas.

Pan

Lahmacun Pizza con cordero, perejil y guindilla.
Lavaş Pan grande y muy fino.
Pide Tortita fermentada.

Platos únicos

Balik Varios tipos de pescado, generalmente *ahtapot* (pulpo), *barbunya* (salmonete), *cipura* (dorada), *hamsi* (anchoas), *kalamar* (calamar), *kalkan* (rodaballo), *karides* (camarones), *levrek* (lubina), *midye* (mejillones) y *uskumru* (caballa).
Güveç Cazuela de barro utilizada para cocinar y servir.
Hünkârbeğendi Cordero sobre lecho de puré de berenjena.
Imam bayıldı Berenjena rellena de tomate, cebolla y hierbas.
Kebab Brochetas de cordero, existen cientos de versiones del plato más famoso de Turquía: *döner* (cocción lenta en una brocheta), *İskender* (con una capa de mantequilla espumosa, salsa de tomate y nata), *patlıcan* (con berenjenas) y *şiş kebab* (en una brocheta).
Köfte Albóndigas, normalmente una mezcla de cordero y ternera. Otras variaciones populares incluyen *çiğ köfte* (carne cruda o cordero con bulgur) y *mercimek köfte* (versión vegetariana con lentejas rojas).
Mantı Pasta rellena similar a los raviolis, generalmente cubierta con salsa de yogur con ajo.

Postres (*tatli*)

Aşure Pudin dulce elaborado a base de trigo, legumbres, frutos secos y nueces.
Baklava Postre almibarado en capas, en la variante *Antep* (con pistachos) o *Ceviz* (con nueces).

Helva Postre elaborado con harina o sémola, mantequilla y azúcar.
Kabak tatlısı Calabaza guisada en almíbar de azúcar.
Lokum Gelatina aromatizada elaborada a base de almidón y azúcar.
Sütlaç Arroz con leche.

Bebidas

Ayran Elaborado con yogur salado.
Bira Cerveza
Çay té
Kahvé Café, recuerda que el *turco kahvesi* (café turco) se pide *az sekerli* (con poco azúcar), *sekerli* (con azúcar) o *sekersiz* (sin azúcar).
Su Agua
Şarap Vino: *kırmızı* (tinto) y *beyaz* (blanco).

Consejos de pronunciación

Algunos consejos para la pronunciación turca:
ö es similar a o
ü es parecido a u
ç es similar a c
ğ es similar a ch
ş es similar al sc
c es similar a g
j es parecido al francés *je*
g es similar a la g gutural.

ÍNDICE

ÍNDICE

CRÉDITOS

Autores

Tristan Rutherford y Kathryn Tomasetti;
Texto adicional de: Victoria Khroundina
y Reg Grant

créditos fotográficos
a = arriba, b = abajo, i = izquierda,
d = derecha, c = centro

2–3 Renaud Visage/Exactostock/
Superstock; **4** Guido Cozzi/4Corners;
5ad Orhan Çam/123rf.com; **5cd** T.C.
Bird; **5bc** Santi Rodríguez (/gallery
882139p1.html)/Shutterstock.com; **6**
Anna Serrano/SIME/4Corners; **9**
Fabian von Poser/Robert Harding;
12–13 saiko3p (/gallery-453007p1.
html)/Shutterstock.com; **14bd** Steve
Estvanik/123rf.com; **14ad** Massimo
Borchi/SIME/4Corners; **15bi** Andrey
Khrobostov/123rf.com; **15bd**
Potapova Valeriya/123rf.com; **16**
Istomina Olena/Shutterstock.com;
18cd Gerard Sioen/Colaborador/
Getty Images; **18ei** Stefano Brozzi/
SIME/4Corners; **19** Andrey
Khrobostov/123rf.com; **20** Karl F.
Schofmann/Robert Harding; **22ai**
philipus/123rf.com; **22bi** Guido
Cozzi/4Corners; **23cr** Ishan
Gercelman/123rf.com; **23bd** Ton
Koene/Robert Harding; **24** Ihsan
Gercelman/123rf.com; **26ai** Rawdon
Wyatt/Alamy; **26bc** Ihsan
Gercelman/123rf.com; **27ad** Peter
Horree/Alamy; **27bc** Gonzalo
Azumendi/Getty Images; **28** Anna
Serrano/SIME/4Corners; **30ai**
Santi Rodríguez (/gallery-882139p1.
html)/Shutterstock.com; **30b**
Viacheslav Lopatin/123rf.com; **31d**
Santi Rodríguez (/gallery-882139p1.
html)/Shutterstock.com; **32** *Caja de
geografia (kiblenuma) realizada en
Estambul por El-ul Muhteri Barum,
civilización otomana, siglo XVII*/Museo de
Arte Turco e Islámico, Estambul,
Turquía/Biblioteca de imágenes De
Agostini/G.Dagli Orti/Bridgeman
Images; **34ci**T.C. Bird; feather/Apps
(/gallery-975938p1.html)/
Shutterstock.com; **35ci** T.C. Bird; **35cd**
Karaköy Güllüoglu; **36** Cooking
Alaturka; **38ci** Museo Rahmi M. Koç,
Estambul; **38bc** Hans Lippert/

Westend61/Superstock; **39ad** Roger
d'Olivere Mapp/Getty Images; **39bd**
Ahmet Ihsan Ariturk/123rf.com; **40** Lu
Zhe/Xinhua Press/Corbis; **42ai**
Hackenberg-Foto-Colonia/Alamy;
42bi Estambul Oyuncak Müzesi; **43ai**
Eye Ubiquitous/Alamy; **43cd** Hemis/
Alamy; **44** Estambul Oyuncak Müzesi;
46–47 Atlantis Phototravel/Corbis;
50 Guido Cozzi/4Corners; **52ai**
Images & Stories/Alamy; **52ad** Engin
Sezer/123rf.com; **53bi** Richard
Cummins/Robert Harding; **53bc**
Orhan Çam/123rf.com; **54** Muharrem
Zengin/123rf.com; **56** Jochen Tack/
Robert Harding; **59** Massimo Borchi/
SIME/4Corners; **60** Lucas Vallecillos/
Robert Harding; **62** Anna Serrano/
SIME/4Corners; **64** Reimar Gaertner/
Robert Harding; **65** Reinard
Schmid/4Corners; **66** *El sultán Mehmet
II (32-14-81) 1480 (óleo sobre lienzo),
Bellini, Gentile (c.1429-1507) (attr.to)*/
National Gallery, Londres, Reino
Unido/Bridgeman Images; **67**
Reinhard Dirscherl/Robert Harding;
68 Atlantis Phototravel/Corbis; **69**
Jean-Pierre Lescourret/Getty Images;
71 achiaso(/gallery-745555p1.)/
Shutterstock.com; **72** Uwe Niehuus/
Schapowalow/4Corners; **74a** T.C. Bird;
75a T.C. Bird; **75b** Artur Bogacki(/
gallery-52846p1.html)/Shutterstock;
76 Richard Cummins/Corbis; **78** T.C.
Bird; **80** T.C. Bird; **82** Faraways (/
gallery-119302p1.html)/Shutterstock.
com; **84** Stephen J. Boitano/Getty
Images; **85** Olena Rublenko9/
gallery-669946p1.html)/Shutterstock.
com; **87** Karl Johaentges/Robert
Harding; **89** Anna Serrano/
SIME/4Corners; Ayman Oghanna/
Corbis, **años 90** / **91ci** T.C. Bird; **91cd**
Catherine Leblanc/Godong/Corbis;
91bd Ihsan Gercelman/iStock; **93**
Mikhail Markovskiy/123rf.com; **94**
Milos Bicanski/Stringer/Getty Images;
95 T.C. Bird; **96** Steve Estvanik/123rf.
com; **98** T.C. Bird; **100** Godong/
Robert Harding; **101** Eye Ubiquitos/
Colaborador/Getty Images; **102** T.C.
Bird; **103** *La toma de Constantinopla en
1204 (óleo sobre lienzo), Tintoretto, Jacopo
Robusti (1518-94)*/Palazzo Ducale,
Venecia, Italia/Bridgeman Images; **105**

imageBROKER/Alamy; **106** T.C. Bird;
108ai Murad Sezer/Reuters/Corbis;
109ad T.C. Bird; **109bc** Nadia Gerbish
/Shutterstock.com; **111** Izzet Keribar/
Getty Images; **112** Selin Alemdar/
Contributor/Getty Images; **115** T.C.
Bird; **116** T.C. Bird; **118** Restaurante
Asitane; **119** COSPV/iStock; **120**
Restaurante Asitane; **121** T.C. Bird; **123**
Galeri Nev Estambul; **124** Valeri
Potapova(/gallery96482p1.html)/
Shutterstock.com; **126ti** Mikhail
Starodubov/123rf.com; **126bi**
Imágenes de Bellas Artes/SuperStock;
127ad meunierd (/gallery-364990p1.
html)/Shutterstock.com; **127bd** T.C.
Bird; **129** www.masumiyetmuzesi.org;
130 T.C. Bird; **133** Jon Arnold/JAI/
Corbis;**134** Yadid Levy/Robert
Harding; **136** Aymán Oghanna/
Corbis; **137** Osman Orsal/Reuters/
Corbis; **139** Jon Hicks/Corbis; **140**
On Entertainment Group, Estambul;
142 Izzet Keribar/Getty Images;
144ai Baloncici/iStock.com; **144bi**
T.C. Bird; **145a** T.C. Bird; **146** Daniel
Salinas Conejeros; **149** T.C. Bird; **150**
Ahmet Ihsan Ariturk/123rf.com; **152**
muratart(/gallery-764017p1.html)/
Shutterstock.com; **154ci** *Diseño de tela
otomana (seda tejida con hilo de oro),
Escuela Turca, (siglo XVII)*/Museo
Fitzwilliam, Universidad de Cambridge,
Reino Unido/Bridgeman Images; **155**
Anna Serrano/SIME/4Corners; **157**
Ton Koene/Robert Harding; **159**
Hackenberg-Foto-Colonia/Alamy;
160a serdalguzel/iStock; **160b**
Oficina Turca de Cultura e Información
del Reino Unido/www.goturkey.co.uk;
161 Volodymyr Krasyuk/Shutterstock.
com; **162** Evren Kalinbacak/iStock;
164 Anna Serrano/SIME/4Corners;
166 T.C. Bird; **168** imageBROKER/
Alamy; **179** Gavin Hellier/Robert
Harding; **171** Ingolf Pompe/Robert
Harding; **173** Sailorr (/
gallery-244585p1.html)/Shutterstock.
com; **174–175** Reihard
Schmid/4Corners.

Fundada en 1888, la National Geographic Society ha financiado más de 14 000 proyectos de investigación, exploración y conservación en todo el mundo. La National Geographic Society está financiada por National Geographic Partners, LLC y, por lo tanto, en parte gracias a su apoyo. De hecho, parte de los ingresos derivados de la compra de este libro están destinados a apoyar la importante misión de la National Geographic Society.
Para saber más visita la web natgeo.com/info

Publicado por National Geographic Partners, LLC.

Traducción: Ormobook

© 2024 White Star s.r.l.
Piazzale Luigi Cadorna, 6 - 20123 Milano, Italia
www.whitestar.it

Licenciatario de National Geographic Partners, LLC.

ISBN 978-88-540-5509-4
1 2 3 4 5 28 27 26 25 24

Impreso en Serbia

MIXTO
Papel procedente de
fuentes responsables
FSC® C178000
FSC
www.fsc.org